直指人心的101个激励实战技巧

吴贺超 ◎ 著

台海出版社

图书在版编目（CIP）数据

直指人心的101个激励实战技巧 / 吴贺超著. -- 北京：台海出版社，2024.1
ISBN 978-7-5168-3773-3

Ⅰ.①直… Ⅱ.①吴… Ⅲ.①企业管理—人事管理—激励—研究 Ⅳ.①F272.92

中国国家版本馆CIP数据核字(2024)第010765号

直指人心的101个激励实战技巧

著　　者：吴贺超

出 版 人：蔡　旭　　　　　　　　　　封面设计：回归线视觉传达
责任编辑：王　艳

出版发行：台海出版社
地　　址：北京市东城区景山东街20号　　邮政编码：100009
电　　话：010-64041652（发行，邮购）
传　　真：010-84045799（总编室）
网　　址：www.taimeng.org.cn/thcbs/default.htm
E - mail：thcbs@126.com

经　　销：全国各地新华书店
印　　刷：香河县宏润印刷有限公司

本书如有破损、缺页、装订错误，请与本社联系调换

开　　本：710毫米×1000毫米　　　1/16
字　　数：200千字　　　　　　　　印　张：14
版　　次：2024年1月第1版　　　　印　次：2024年1月第1次印刷
书　　号：ISBN 978-7-5168-3773-3

定　　价：68.00元

版权所有　　翻印必究

序

　　企业的成功无非是解决"生存与发展"的问题，无论是初创时候的生存，还是成熟时期的发展，员工都至关重要。如何让员工感受到生存的意义，能够积极工作，并帮助企业不断获利，成为所有企业始终关注的核心问题。企业的发展、取得的业绩和成就、生产效率和盈利能力的提高，都取决于每一个员工的能力与技术。故而，员工激励是企业管理中非常重要的一项任务。通过有效的激励，可以提高员工的工作积极性和创造力，增强团队合作和员工满意度，使员工能够充满激情地工作并创造卓越绩效。

　　对于员工的激励方法有很多，薪酬激励、晋升激励、目标激励、情感激励、榜样激励、授权激励、认可激励等。当员工表现出色时，及时给予赞扬和肯定，并公开宣扬他们的成就，不仅能让员工感到自豪和受到鼓舞，还能形成良好的团队氛围。另外，给员工提供发展机会也是促使员工积极进取的关键因素。再者，为员工制订个人发展计划，并提供培训、学习机会以及晋升通道等，这样不仅能够满足员工个人成长的需求，同时也能增强员工的归属感。

　　在激励过程中要注意公平性和透明度，确保奖惩制度公正合理，并向所有员工清楚地传达企业目标和期望。这样可以避免不必要的误解和猜测，并建立起良好的信任关系。此外，应定期举行团队会议、个人谈话等活动，了解员工的需求和想法，并及时解决问题。同时，也可以通过开展员工调查等方法收集反馈意见，以进一步改善激励措施。因此，激励方法用对了，就能实现给员工赋能。

总之，有效的员工激励能带动企业发展和提高企业竞争力。通过赞扬认可员工、为员工提供发展机会、确保公平透明和良好沟通等多个激励技巧，领导者可以更好地激励员工，并营造出一个积极向上的工作氛围。

《直指人心的101个激励实战技巧》一书，主要包括对员工实施精神和物质激励的方法、对员工实施情感和信任激励的方法、对员工实施榜样和目标激励的方法、对员工不同特质进行分析的DISC激励方法等，来帮助员工成为更好的自己，促使他们融入更强大的团队，最终实现有效激励，收获人才带来的能量价值和源源不断的动力。

本书通俗易懂，贴近实际，方法多样，适合企业管理者、管理咨询师、人力资源管理从业人员、管理类相关专业在校生以及其他想学习员工激励方法的人员阅读。

| 目录 |

一、薪酬激励：保证价值创造者被公平对待

1. 岗位价值与薪酬的匹配评估 / 2
2. "高固定低浮动"，实现薪酬激励最大化 / 4
3. 老员工与新员工的定薪策略 / 6
4. 薪酬结构的分配设计 / 8
5. 点薪制与宽带薪酬 / 10
6. 差异化激励的绩效奖金策略 / 12
7. 巧设个性化薪酬解决方案 / 14
8. 消除肥瘦业务不公平的激励手段 / 16
9. 促进"老带新"的激励机制 / 18
10. 销售人员的薪酬激励 / 19

二、晋升激励：给员工可展望的未来

11. 对员工进行职业规划 / 22
12. 培养员工的领导力 / 24
13. 帮助团队成员发挥各自的优势 / 26
14. 多通道晋升激励法 / 28

15. 对特殊员工的破格晋升激励 / 30

16. 轮岗也是晋升激励的有效方式 / 32

17. 高管年薪制激励法 / 35

18. 特别贡献奖激励法 / 36

19. 新老员工的师徒制晋升激励 / 38

20. 建立多通道晋升激励机制 / 40

三、目标激励：激发员工共同愿景

21. 遵循 SMART 原则制定目标 / 44

22. 自下而上 + 自上而下分解目标 / 46

23. 签订目标责任书 / 48

24. 设计团队共同目标 / 50

25. 规划出目标实施的详细步骤 / 52

26. 让员工使用"我计划……"去实现目标 / 55

27. PK 式激励法 / 57

28. 对赌式激励法 / 59

29. 福利式激励法 / 61

30. 荣誉式激励法 / 63

四、榜样激励：团队中的"火车头效应"

31. 以身作则，管理者要以行动为准绳 / 68

32. 管理者有效率，员工才有执行力 / 69

33. 管理者信守承诺，敢于担责 / 71

34. 在团队中树立员工榜样 / 73

35. 给榜样人物的奖励要有仪式感 / 75

五、参与激励：激发员工的主人翁意识

36. 让员工参与决策 / 78

37. 消除"自上而下"的监管体系 / 80

38. 游戏化激励点燃员工活力 / 81

39. 管理者管得少，员工才能参与得多 / 83

40. 不同类型员工，不同授权 / 85

六、精神激励：不花钱也能激励团队

41. 运用"夸奖"激励员工 / 90

42. 给员工当教练，有距离有关系 / 91

43. 让员工不断成长 / 92

44. 员工不怕犯错才能创新 / 94

45. 给员工创造归属感 / 96

46. 为员工提供学习的机会 / 98

47. 促进员工独立解决问题 / 100

48. 工作氛围好，员工做事更高效 / 103

49. 用幽默的方法进行管理 / 106

50. 关注员工兴趣，激发员工工作热情 / 108

51. 把"惩罚单"变为"改进单" / 110

七、情感激励：让员工在感动中奋力打拼

52. 真诚的关怀是情感激励最直接的方式 / 114

53. 时刻调查并提高员工满意度 / 116

54. 把员工当客户 / 118

55. 奖励给员工真正需要的东西 / 121

56. 对员工进行正能量的语言鼓励 / 122

57. 批评也要有温度 / 124

58. 要在物质和精神方面照顾员工 / 128

59. 关心员工家人比关心员工更重要 / 129

60. 柔性管理，不是控制而是成全 / 131

61. 允许员工提出质疑 / 133

62. 与员工共情 / 136

八、竞争激励：有比拼才不懈怠

63. 用末位淘汰制绷紧员工心弦 / 140

64. 岗位备份，让员工感受到压力 / 141

65. 企业内部竞聘上岗 / 143

66. 引入鲇鱼式人才，激活团队潜力 / 144

67. 用积分排名的方式刺激员工竞争 / 146

68. 任期考评激励，能者上，庸者下 / 147

69. 抓住员工的"好胜心"进行激励 / 149

70. "分槽养马" / 151

71. 自诺激励，让员工立下"军令状" / 152

72. 巧用激将法激发员工斗志 / 154

73. 科学合理地进行绩效考核 / 155

九、认可激励：不同类型的员工不同的认可

74. 认可"行为"也认可"人" / 158

75. 不同类型的员工，认可方式大不同 / 160

76. 赏识员工是更大的认可 / 163

77. 赞美也要分清楚员工类型 / 165

78. 让下属有一定自主性 / 167

79. 认可先进员工，也不吝表扬后进员工 / 169

80. 及时性认可效果最佳 / 171

81. 当众嘉奖有方法 / 173

82. 对员工进行汉堡包式反馈激励 / 174

83. 让员工最大限度发挥自己的优势 / 176

84. 给员工略高于市场水平的薪资 / 177

85. 让能者多劳也多得 / 180

86. 花样奖励成本低更有效 / 182

87. 以员工的名字命名取得的成果 / 183

88. 设立优秀个人奖和团队奖 / 184

89. 随时给下属准备小礼物 / 186

90. 经济奖励、行政奖励和特别贡献奖 / 187

十、股权激励：让员工从打工者变为合伙人

91. 股票与期权激励 / 190

92. 期股激励，与员工成为利益合伙人 / 192

93. 限制性股票，既能激励又能管控 / 193

94. 虚拟股，对员工的分红激励 / 195

95. 股票增值权收益激励 / 197

96. 业绩股票，有业绩就有收益 / 199

97. 干股激励，赠与形式的股权 / 201

十一、学习和文化激励：为可持续化发展助力

98. 培训激励提升员工能力 / 206

99. 文化激励打造"家庭式"企业 / 208

100. 学习激励打造成长型组织 / 209

101. 企业价值观激励 / 211

参考文献 / 213

一、薪酬激励：
保证价值创造者被公平对待

1. 岗位价值与薪酬的匹配评估

薪酬设计是每个企业的基础，也是每个企业的管理层都很关心的问题，因此，拥有一套合理的薪酬体系很重要。但薪酬设计不是"拍脑门"和"走形式"，而是要有可衡量的流程、方法和步骤。

当前大部分企业依然采用的是"以岗定薪"的付薪方式，岗位价值承载的责任与职能大，获得的薪酬就高，反之获得的薪酬就低。所以，对于岗位价值进行评估是薪酬激励的前提和基础。

岗位价值评估需要从多个维度进行，例如岗位所需要的知识、工作经验、对经营结果的影响等，然后用数学的方式对它们进行评估计算，来最终确定其综合价值的大小。岗位价值评估模型包括咨询公司模型和个性化模型两类，具体选择哪个需要从两个方面来考虑。

一是如果企业想从专业的角度来达到岗位与薪酬的匹配，那么可以选用咨询公司的岗位价值评估模型。二是根据公司特点设计个性化的岗位价值评估模型也可以，当然解释权归人力资源（HR）所有，但前提是企业的付酬理念必须清晰明了，即企业愿意为哪些岗位的哪些价值付酬。

一般企业付薪要素包括岗位责任、知识技能、岗位负荷、工作环境等几大类。岗位评估的出发点是岗位承担的责任，而岗位承担的责任又是从每个部门承担的责任承接而来的，需要跟企业的战略责任一脉相承，由此形成责任的层层分解和落地。如果没有这样的分解和落地，直接实施岗位价值评估没有任何意义。

岗位价值评估真正的核心意义是要把能力强的人匹配到高价值的岗位上，把能力弱的人匹配到低价值的岗位上。不是通过职务、身份来认可价值，而是通过岗位承担的责任来评估价值，体现人岗的匹配性。

推进岗位价值评估一般有三种方式：第一种方式是"一把手"说了算，这是典型的"一言堂"似的评估方式。第二种方式是由经验丰富的团队小组来进行评估，这种方式代表了一部分人的想法。第三种方式是充分民主地来操作，这代表了绝大部分人的想法。最近几年，企业基本上都是采用第三种方式，不过采用这种方式有个原则，就是企业一定要力争把这件事情做成功，而不仅仅是把它做完。这就要求最后的结果一定要被大多数员工所接受。首先，自上而下地分级评估，每评一个层级大家都要达成共识，即逐级而下地达成共识。其次，评估小组人员构成要丰富，一定要有关键岗位人员，而不是人力资源部关起门来做。最后，评估与审核工作分开，评估出来的结果不代表最后的结果，一定要经过审核小组最后把关。

岗位价值评估的方法有很多，不同行业、企业在不同阶段可以使用的评估方法也不同，每种方法适用的企业情况亦不同，所以建议每个企业根据自己的行业、规模、发展阶段、企业性质选择适合自身的评估方式。一般岗位价值评估的流程分为以下几步。

（1）选择评估工具。代表性的工具：一是海氏三要素评估法，也就是通过对员工技能水平、解决问题的能力和承担的岗位责任进行薪酬设计。二是美世IPE，也称美世评估。这套工具包括影响、沟通、创新和知识四个要素。三是多要素岗位价值评价法。企业根据实际情况制造出一套运营要素，由岗位评估小组人员按照企业的运营要素进行岗位价值评价。

（2）确定岗位价值评估小组。由部门经理以上的人参加，但对企业经常提出质疑的员工也要参加。

（3）选择标准岗位。规模稍微大一点的企业，岗位往往比较多，所有的岗位都做评估不现实，因此通常选择几个标准的岗位做标杆。标准岗位选择的原则：够用、好用、能用；参考原则：部门经理以上的岗位、关键核心岗位、有代表性的岗位。规模较小的企业所有岗位都可以做评估。

（4）岗位价值评估的数据处理。对标准岗位进行评估后会得到一些数据，这个时候需要对这些数据进行处理，如对岗位有集体性的偏差，需要对岗位数据重新进行评估；对小组评估数据进行平均值处理，去掉最大、最小值后再平均。把每个部门所评估的所有人的得分进行平均后再平均，避免因某个部门人数多而获得人数优势。

（5）岗位价值评估的数据应用。得到评估数据后进行市场薪酬调查，确定竞争对手和与之争夺员工的企业或规模差不多的企业。通过模拟薪酬曲线确定职位等级，找到职等中位值，代表该薪酬等级中外部市场的平均薪酬水平。

岗位价值评估是薪酬设计的重要工具，也是推进企业规范化、标准化管理的重要变革之一。以岗位价值为基础，构建企业薪酬管理体系，对改善企业员工满意度、提升员工积极性具有至关重要的意义。

2. "高固定低浮动"，实现薪酬激励最大化

要提升薪酬激励效果，一个非常重要的策略就是合理设置薪酬结构，也称为薪酬结构策略。如果说薪酬水平策略解决的是支付多少薪酬问题的话，那么薪酬结构策略解决的就是薪酬组成成分的问题。薪酬按其结构组成来说，分为固定薪酬和浮动薪酬两个部分。

其中固定薪酬包括基本薪酬和岗位薪酬。浮动薪酬一般指与业绩相关的绩效工资、奖金、提成、福利补贴和长期股权激励等。所以，有一种薪酬激励被称为"高固定低浮动"模式。

为什么说高固定低浮动薪酬对员工的激励作用最大呢？因为固定薪资与福利补贴更具有保障性，能够给员工带来足够的安全感，保障员工的正常生活，解决员工的后顾之忧。具体表现在以下几个方面。

（1）高固定给员工更多安全感，员工在生活得到保障的前提下，才能够全身心地投入工作。

（2）高固定能给员工归属感，也是企业对员工信任和肯定的表现。

（3）高固定可以为员工营造正向积极的团队氛围，使员工不会为了业绩而陷入恶性竞争，更重视团队协作。

（4）高固定可以吸引人才。应聘者在不了解企业实际情况时，高薪是他们的首选，所以，高固定低浮动薪酬对人才有着强烈的吸引力。

当然，这里高固定的"高"，并不是超出同行业以及市场水平的离谱的高，而是对外部和内部实际情况综合考量后的一种薪酬设计。因此，尽量做到薪酬的高固定低浮动，才能起到真正激励员工的作用，让员工收获安全感。

反之，低固定高浮动薪酬模式下，员工能获得多少薪酬与其工作业绩挂钩看似对企业有利，实则却可能给企业带来诸多负面影响，主要表现在：

（1）员工为了高薪会过度追求自己的业绩，不愿意与团队分享和协作，导致内部恶性竞争，不利于团队的整体建设。

（2）员工过度追求业绩，会忽略不能给自己带来业绩但对组织发展有益的工作，从长远来看，不利于组织整体目标的完成。

（3）浮动薪酬太高的话，员工对薪酬感知变差，业绩好的时候会认为是自己努力的结果；业绩不好的时候，会归咎于市场和竞争，很难对组织给予的薪酬产生感激和得到满足。

（4）固定薪酬太低的话，员工很难与组织建立起情感连接，会认为只是雇佣关系，一旦产生不良情绪或遇到对手挖墙脚，就很容易离职，不利于组织优秀人才的保留。

可见采用低固定高浮动薪酬方案，并不会起到预期的激励效果，员工看似拿着高薪，实际安全感不足。所以，高固定低浮动薪酬才是一种更为有效的薪酬激励措施。

3. 老员工与新员工的定薪策略

在薪酬激励方面，很多企业都实行高薪招人，新招进来的员工往往在薪资待遇方面都高于企业同级别的老员工，这样便会造成企业内部的不公平，引发老员工的不满，甚至出现老员工消极怠工或集体离职的情况，对企业的稳定和发展极为不利。这就是市场上常讲的"薪资倒挂"问题。

这种情况的出现是市场发展的必然现象，并且随着人才竞争的加剧，这种现象可能会越来越普遍，不但在高层岗位，中层岗位或技术岗位也会出现类似的状况。但对于企业而言，如果对这种情况听之任之，最终会导致企业陷入人难留—人难招—人更难留的恶性循环。

【案例】

A企业为了吸引高端人才加盟，高薪挖了一名高级管理人员李某到企业担任招商总监。李某的工资比现有的管理层的工资要高很多，这引发了老员工的不满，如财务总监提出辞职，运营总监提出涨薪要求等，给企业的稳定带来了不小的威胁。

面对这种情况，企业该如何处理才能让新老员工都满意呢？企业可以从以下几个方面着手：

（1）对待新员工的高薪可以采用定薪+特殊补贴的方式，一部分薪酬纳入正常的薪酬体系范围，另一部分以"证书补贴"或"特殊人才津贴"等名义进行支付，这些名义既要符合逻辑又是老员工所不具备的。

（2）把薪酬同能力和绩效挂钩。薪酬是对结果付出的回报，是对过往贡献的认可和剩余价值的追求，做出什么样的结果，就拿什么样的薪酬，这也符合市场的交换属性。明确新员工的考核指标、任务，直观量化工作业绩，既是对新员工的约束，也是给老员工的"交代"。

（3）在福利方面适当向老员工倾斜，比如可以增加工龄补贴或享受住房补贴、无息房贷等；也可以建立企业老员工"导师制"，从精神层面激励老员工；还可以给老员工提供更多的培训机会。不少企业设立工龄工资，其实质就是为了肯定老员工在企业发展中所做出的贡献。

（4）可以采用新老隔离的方法降低薪资方面的矛盾，比如为了拓展新业务成立一个新部门，该部门可单独采用定薪激励体系，以适应新人才、新业务的需求。

（5）可以采用"梯队培养"方式，在企业内部构建梯队与培养机制，每年定期引入一定比例的储备员工，做到未雨绸缪，一旦出现人员流失，便可从储备人员中选拔，减少核心人才从外部招聘的比例，节约时间和成本。

总之，要想避免新老员工薪资不平衡的问题，企业就要从长远去考虑，坚持做到基于员工的能力和价值付薪。

对于新老员工的薪酬体系设计主要考虑岗位结果价值和员工贡献问题。

对待老员工的薪酬，不只看当下的工作状态与工作结果，同时要考虑老员工曾经在工作中的贡献。对于新员工，要关注他们未来的发展问题，打造让他们持续努力与上升的环境和通道。对于实际中出现的新员工比老员工工资高的问题，可以添加一部分薪酬制度的贡献反馈与不同形式的慰问机制（如福利、岗位工龄奖金、给家属奖金或礼品），形成对绩效与预期贡献的奖励与激励。在多维度上形成不同成果、不同贡献、不同能力的回报与激励差距，自然就能显得更为公平。

4. 薪酬结构的分配设计

薪酬包括显性部分和隐性部分，显性部分也就是人们通常认知的那种必须发放的工资。隐性部分是指那些浮动性的报酬，比如绩效奖金等。简单理解薪酬结构就是工资表上各个栏目组成的薪酬总和。

一般薪酬结构分为以下几个部分：

（1）基本工资，是对员工在工作岗位上的基本报酬和固定的价值定位。如果定位一个能够产生吸引力的薪酬体系，那么基本工资高，就能吸引和保留人才，以及起到适度的中长期激励作用。

（2）员工福利，是一种全员享有，强调保障性和关怀性，以福利形式发放的薪酬。福利有的以现金形式发放，有的以非现金形式发放，可以体现人性化，起到增强激励的作用。

（3）特殊津贴，是主要针对特殊岗位、特殊个人以及特殊情况而设立的补充薪酬，多数以现金形式支付，如危险作业津贴、特种证书津贴等。

（4）短期激励，是对单次表现或一段时间内的表现予以特别奖励，也可以理解为各种奖励和奖金。

（5）长期激励包括利润分享、收益分享和股权分享等，是与部分或全部员工分享企业长期收益的一种激励形式。

【案例】

某公司采用的薪酬结构主要包括基本月薪，用来反映员工基本价值、工作表现及贡献；对员工生活的基本需求给予的综合补贴；重大的节假日如春节或国庆发放的假日礼金；为员工报销休假期间的费用；从公司完成既定的效益目标发出，给员工发的浮动奖金；销售及技术支持人员完成销售任务后给予的销售奖金；给有特殊贡献员工的奖励；解决员工医疗及年度体检费用的医疗保险计划。

该公司薪酬结构中没有工龄工资和学历工资，员工的收入与学历、工作时间长短不挂钩，而是直接与岗位、职务、工作表现和业绩相关。薪酬结构中多使用员工福利和短期激励，定位为激励和保留的薪酬体系。

薪酬各构成要素的发放目的及付薪导向各不相同，导向是什么，员工就关注什么，所以在选择组成总体薪酬科目时，要把握好构成要素的目的和导向，才能达到激励的目的。例如岗位工资付薪导向为岗位价值，全勤奖付薪导向为工作态度，工龄工资付薪导向为员工忠诚度，岗位/技能补贴付薪导向为岗位技能，浮动工资付薪导向为绩效等。

处于不同生命周期的企业，因组织特征不同，所采用的薪酬结构也存在一些不同。

初创期企业既需要招聘人才，又需要缓解资金压力，所以，企业用未来收益或未来职务等长期激励的形式代替当前的高薪，固定薪酬如基本工资比例相对降低，浮动薪酬如福利、奖金比例相对较高。

成长期企业投资进一步加大，但现金存量往往不多，为了吸引人才的加盟，企业还应强调长期激励，固定薪酬基本工资的比例不高，浮动薪酬如福利、奖金比例较高。

成熟期企业进入稳定状态，企业具有吸引力且现金存量最多，所以固定薪酬基本工资比例较高，浮动薪酬如福利、奖金比例较低。

衰退期企业强调个人绩效奖金和长期薪酬意义不大，较高的固定薪酬是明智的选择。

5. 点薪制与宽带薪酬

企业对员工的薪酬激励一般分为点薪制与宽带薪酬。点薪制是指一个岗位级别对应一个工资数值，在同一岗位级别的员工工资是一样的。点薪制看似比较公平，减少了对员工的评价，但实质上却忽略了员工的能力，让薪水成为员工所在级别的证明。这样的付薪方式不仅局限性明显，且对员工起不到太多激励作用，对企业多元化用工和吸纳人才不利，由此产生了宽带薪酬。宽带薪酬的重点在"宽带"上，有别于以往一个级别对应一个薪酬标准的体系，其对应的是一定跨度的薪酬标准，员工根据其级别在对应的薪酬范围内定薪。对多个薪酬等级以及薪酬变动范围进行重新组合，从而变成只有相对较少的薪酬等级以及相应较宽的薪酬变动范围。

相较于点薪制，宽带薪酬以员工的能力为基础，属于扁平型组织结构，基本的薪资策略也是以职业生涯为基础。其优势在于引导员工重视个人技能和能力的提高，为员工提供更多的职业发展通道，密切配合劳动力市场的变化,解决了员工因岗位调动引发的薪酬变更的问题,最终起到减少员工薪酬等级差别,打破传统薪酬结构所维护和强化的等级制度的作用。

宽带薪酬的设计流程如下:

(1)设定中点值。关键岗位的中点值不是企业管理者拍脑门想出来的,而是要参考很多行业数据。比如根据市场上权威机构发布的行业、区域薪酬报告来确定行业付薪参考;或者分析竞争对手、岗位人才来源企业的付薪水平。但参考外部企业的同时也要考量本企业内部人工成本的可承受程度。

(2)设定级差。例如,一个企业共有 8 个级别,已知 3/5/7 级的中点值,分别为 10 万元、13 万元、16 万元,假设 3/4 级之间的级差为 A1,4/5 级之间的级差为 A2,则 130000=100000×(1+A1)×(1+A2),A1 和 A2 可能是不相等的,但差别不大;假设两个数字相等,则计算得出,3/4 级以及 4/5 级之间的级差为 14.02%,以此可以推算 5/6/7 级之间的级差。

(3)设定带宽,也被称为定级幅度。计算公式为:带宽=(最大值 – 最小值)/ 最小值。带宽的计算逻辑为:较高薪级的中点值 = 较低薪级中点值 ×(1+ 级差);最小值 =2× 中点值 /(2+ 带宽);最大值 = 最小值 ×(1+ 带宽)。

带宽的设定原则首先能够基本覆盖现有大多数员工的薪酬,其次能够保障多数岗位未来 2～3 年的薪酬增长空间,最后随着薪级的增长,带宽宽度变大。

一般规律是,薪级越高,薪酬范围的最小值、最大值、中点值均越高,即薪级越高,对应的薪酬整体水平越高。一般情况下,随着薪级的上升,薪级的级差会越来越大;两个相邻薪级,较低薪级的最高值大于较高薪级的最小值,即两个相邻薪级的薪酬范围存在重叠部分。

宽带薪酬要遵循一定的规律:

（1）较低层级员工固定工资比例高于较高层级员工固定工资比例。比如基层员工按要求完成工作，对企业整体业绩完成与否、好坏与否产生的影响较小，所以只要完成基础事务性的工作，成果都能够保障。固定工资比例如果过低，在人才招聘上会存在问题。而较高级别的员工，他们对公司的业绩产生的影响较大，所以需要根据工作成果对其业绩进行判断，如果采用较低比例的浮动薪酬，则对他们起不到激励的作用。

（2）靠近客户或创造价值的岗位浮动薪酬越高。例如，企业中的销售人员的薪酬结构是低底薪+高浮动，而这种方式也被大多数销售人员所接受。原因在于，企业和销售人员都认为，销售岗位的业绩就要靠销售人员个人的能力达成，而且这种业绩能够明确地衡量与计算，所以浮动的比例较高。

当然，任何薪酬体系都不是一劳永逸的，在定薪体系设定以后，要随时检验企业的付薪策略在对关键岗位、关键层级人员的激励方面是否与企业的激励策略相匹配，如果不匹配则需要及时调整。同时，企业为了满足各项激励策略，可以制定各种各样的体系，只要能起到激励作用都可以为企业服务。

6. 差异化激励的绩效奖金策略

在企业实际激励中，如果想要避免员工吃"大锅饭"，让激励措施真正起作用，就要更多地考虑岗位的特点，比如单一量化价值、个人交付、团队内部贡献可衡量等。

根据岗位特点，可以进行差异化激励，比如采用个人提成制、团队分享制、目标奖金制等绩效奖金策略。

（1）个人提成制，是根据员工个人达成的业绩，按照一定比例和标准进行奖金核算，这是绩效奖金中最简单、最直接的激励方式。低底薪+高提成是个人提成制中常见的方式，能够为企业节省成本，员工在有业绩的情况下企业给提成，没有业绩的情况下企业不用给提成。但这种方式的弊端也显而易见，即员工容易"吃回扣"或在更大利益诱惑下选择离职。另外，在个人提成制中，为了突出差异化激励，最好不要使用同底薪、同提成模式，否则会导致差异化不足，忽略对员工能力高低的体现，对员工的成长激励不够。可以根据员工的能力、经验、级别设置不同的底薪。例如，可以给初级销售代表4000元/月的底薪，高级销售代表5000元/月的底薪，这就是一种差异化定底薪策略。同时，提成也可以差异化，比如可选销售额提成、用户数提成、回款提成、毛利润和净利润提成等。

（2）团队分享制，是薪酬激励中即时激励的一种，是针对非常规的成功绩效表现或一个项目、方案或产品的完成予以奖励；是基于一个团队创造的价值确定对应的奖金包，再根据团队中不同成员的贡献进行分配。选择团队成员有几个衡量标准：一是对某项明确的结果负责；二是能够根据结果达成情况计算奖金；三是团队人数最少化；四是能够清晰地规定团队每一位成员对成果的贡献比例。在确定了团队的成员以后，下一步就是确定团队的奖金，依据团队中每个成员产出的成果、贡献、重要程度等综合考量，由团队负责人或领导另行分配。由于是团队分享制，因此无论是常态化成果交付还是临时性专项目标，都需要公平公正地进行内部奖金分配，这样才能对整个团队起到激励作用。

①团队分享制中的"团队"划分应该遵循一定的原则，人数不能太多，管理者和员工之间要能够相互监督。

②有条件的企业要成立若干相同性质的团队进行良性竞争，甚至建立机制鼓励裂变孵化新团队，这样便于每个团队成员形成团队拼死作战的狼性氛围。

③绩效管理侧重于"团队"和"项目/任务"，同时建立对"人"的管理体系，比如胜任力评价体系、价值观评价体系、人才盘点、晋升发展体系等，通过对人的持续全面的评价实现能上能下、能进能出的动态调整机制。

④企业可以在基于团队绩效薪酬和个人基本薪酬体系之外，建立一种以团队完成目标为前提的薪酬奖励制度，使员工的奖金、晋升、加薪及其他各种激励都以他们在团队合作中的表现为衡量标准。

（3）目标奖金制，一般针对员工的级别、岗位设置一定比例的目标绩效薪酬，并定期根据绩效考核结果计算发放。一般来说目标奖金制的员工薪酬结构如下：年度总收入＝固定薪酬＋（月度/季度/年度）绩效薪酬。其中，固定薪酬分12个月固定发放；绩效薪酬根据绩效考核的周期发放，可分为月度、季度与年度，也就是"目标奖金"。

企业可以根据自身需要进行差异化的薪酬激励设计，其中团队分享制是目前不少知名企业惯常使用的激励手段，企业可以参照执行并辅以个人提成制和目标奖金制来进行多样化的绩效奖金设计。

7. 巧设个性化薪酬解决方案

在薪酬激励方面虽然有常见的固定板块和模式，比如基本工资、浮动工资、奖金、福利等，但不同的企业也可以根据自己的需要巧妙设置奖励名目进行员工激励。

在第二次世界大战期间，美国陆军航空队大队长发现，由于飞机保养不良造成的损失竟和在战场上由敌人打击造成的飞机损失相等。于是，为了激励保养维护飞机的员工，这位大队长实行了一系列的激励措施，如举行颁奖典礼，为获奖者拍照，并将照片送回受奖人家乡的报纸上去刊载，还会写特别推荐信和发公报。这些奖品本身的成本并不高，但带来的激励效果却意义非凡。于是，这位大队长很快就创造了飞机保养维护的纪录。

不少企业属于中小企业，没有太多的钱对员工进行金钱激励，但这并不妨碍他们有效行使其他激励手段。比如，华为在成立之初，亟须掌握着高科技的优秀工程师人才，来带领华为走上研发之路，因而，华为在人才招聘方面采用了多种激励手段。

（1）愿景激励。任正非会对所招聘的优秀工程师说，希望能和他一起做件事，让中国的产品能够代替别的国家的产品，打造我们自己的民族品牌。

（2）成长激励。任正非会对所招聘的优秀工程师说，只要你来我们公司，我直接任命你做我们的总工程师。

（3）工资奖励。在当时，华为给工程师的工资是按深圳最高工资标准计算的，但在发放时，只发给一半，剩下的年底赚了钱就给，赚不了钱就写欠条计利息，等有了钱后数倍奉还。

（4）氛围激励。华为内部没有官僚主义和部门墙，没有大企业病，只有扁平式的氛围和奋斗者精神团队，让工程师在工作中感受到轻松和愉快。

以上四种激励虽然都和企业的业绩挂钩，却又不是完全建立在业绩的基础上，这就是一种个性化的激励手段。

总的来说，企业可以基于员工的表现来为员工制定个性化激励方案，可以包括绩效奖金、年终奖金、股份分配计划。除了基础薪酬和个性化奖励之外，为员工提供个性化福利也是企业吸引和留住人才的另一种重要手段。具体为，企业可以根据员工的喜好和需求，为员工提供适合的福利，如弹性工作制度、培训和发展机会、健身房会员卡，或为员工提供家居生活、电子产品、户外用品等，不但能增加员工的自主选择权，也能体现企业的福利价值。

【案例】

某公司为了调动员工积极性，特意进行了个性化的薪酬设计，把岗位分成三类，分别是业绩责任岗、专业能力岗和支持服务岗。其中业绩责任岗包括所有的商务、销售和运营人员，他们工作的好坏，都可以直接用业绩来衡量，按照工资6、奖金3、年终奖1的比例进行薪酬激励。比如一个年薪20万元的业绩责任岗，工资就是12万元，业绩奖6万元，年终奖1万元，再加1万元的行为奖。专业能力岗包括所有的技术人员，他们的薪酬结构按工资8、奖金1、年终奖1的比例进行激励。假设年薪30万元，工资24万元，奖金是3万元，年终奖3万元。支持服务岗包括财务、人事、行政和法务人员，他们不直接产生业绩，无业绩奖金，薪酬设计成工资9、奖金0、年终奖1的形式。三种岗位三种薪酬比例，这就是一种个性化的薪酬激励方式。发放方式：第一笔钱（工资）按月发，第二笔钱（奖金）按季度发，第三笔钱（年终奖）按年发。

在当下以人才为核心竞争力的经济环境中，企业必须通过创新、变革、多样化、个性化等激励方式，根据个人情况制定个性化方案，以更好地满足员工的个性化需求，提高员工的工作满意度和忠诚度，从而让薪酬制度产生真正的激励作用。

8. 消除肥瘦业务不公平的激励手段

企业发展一定会有不同项目、产品、客户和销售区域等，虽然都可以采用提成奖金等激励方式，但如果采用"一刀切"的方式，难免会带来好做的业务与不好做的业务所获报酬一样的不公平现象。

那么如何消除这种由肥瘦业务造成的不公平现象呢？可以从底薪、提成基数、比例、激励方式等各个方面寻求解决办法，从而达到相对公平的效果。

（1）设置底薪与提成比例的差异化。如果企业有不同的产品或项目、区域不存在交集，那么可以设置不同的底薪标准。例如，销售甲产品员工底薪为4000元/月，销售乙产品员工底薪为5000元/月，所有的提成奖金按照销售额1%的比例进行提成。如果底薪无法进行差异化，也可以设置提成比例的差异化，提高业务拓展阶段难度较大的产品的提成比例。

（2）进行内部公平竞争。企业如果针对产品销售或项目预期进行主观分配，那么可能会由于每个人的能力和经验不同而造成不公平的情况出现。为此企业可以把选择权交给员工团队，由他们自由选择进行内部竞争。

（3）构建合伙人机制，采用利润分红制。企业可以设计一些长期的激励机制，例如利润分红制，即对营业利润按一定的比例进行分红，利润高则分得多，利润低则分得少。鼓励有事业心的员工参与拓展，引导员工关注未来的长远收益，敢于去承接一些较难的项目或产品。利润分红制可以让员工更多地关注团队的纯利润额，在考虑销售额增长的同时也考虑费用的支出。

（4）用"阶段性目标奖金"代替"提成奖金"。如果因为不同难度的项目造成了不公平，可以考虑用"阶段性目标奖金"代替"提成奖金"。针对岗位和能力设定合理的奖金基数，针对不同的项目或产品设置达成难度相似的业绩目标，基于目标达成情况计算核发对应的奖金，避免产品或项目的天然差异，以员工能力和付出来衡量价值。

（5）承包经营制。企业可以设置团队和小组承包制，团队或小组的经营自负盈亏。此种方式，对企业管理者来说较为轻松，不必费心地对每一个员工进行管理。而小组长或团队管理人则要承担较大的风险，当然也能给小组长更多的希望，更能激发他们的积极性，发挥其管理才能，进而促使团队创造更高的业绩。此种方式比较适用于能力较强、企图心也较强的小组长或团队管理人。

9. 促进"老带新"的激励机制

一家企业的优秀人才毕竟占小部分,大多数还是普通员工,那么如何能够发挥优秀员工的能力和特长来达到老带新,最终让整个团队成员都进步的目的呢?很多人一贯的认知是"带出徒弟饿死师傅",所以有经验的老员工普遍不愿意培养新人,更不要说把自己的能力和经验倾囊相授。如果企业没有相应的新人培养激励机制,"老人"带新人无利可图,又怎么能激起其带新人的兴趣呢?

因此建立以老带新激励机制,可以有效促进以老带新,进而达到企业人才梯队建设的目的。

对此,企业可以从需要被培养的人开始区分,一种是能够产生经济效益的人,一种是不能直接产生经济效益的人。如果培养的是能直接产生经济效益的人,那么可以给老员工业绩提成进行激励,其培养的徒弟越多,提成就越多。

【案例】

韩都衣舍采用"提成培养费"制度,即新小组的组长需要将自己 10% 的奖金划给原来培养他的组长作为一年的培养费。在这种激励制度的推动下,原来的组长就非常愿意将小组成员进行分裂,分裂的小组多,他的收入也会越多。

具体来说,韩都衣舍的"老带新"模式的实施主要包括三个方面:首先,在老员工辅导周期内对优秀个人进行评优;其次,对提炼出来的优秀案例和故事进行评优;再次,对培养新人有成效的老员工进行年度评优。同时,每月给予老员工一定的岗位津贴,鼓励他们积极投入辅导工作。给老员工的年度绩效加分，为他们获取更多奖金进行引导。

如果培养的是无法直接产生经济效益的岗位人员，则以间接的方式让人才培养与薪酬相关联。例如，可以设置人员培养考核指标，如果达到考核指标，则依据考核结果发放奖金；可以将人员培养纳入人员晋升的基本要求。如果老员工不能承担起带好徒弟的职责，则意味着会失去晋升机会，这种方式对于企业而言，既可以预防危机，又能储备足够的人才。

总之，老带新需要企业设计多种激励方案，让老员工在帮扶带新员工的过程中有所得，无论是精神层面还是物质层面，这样才能顺利实现让老员工带新员工的目的。

10. 销售人员的薪酬激励

任何一家企业的生存发展都离不开卖产品或卖服务，可以说，销售是一家企业生存的命脉，遍布于各处的销售人员把握着企业的一条条生命线。那么如何真正做到让每一个销售人员充分发挥能力，为企业赢得最大化的销售业绩呢？正确激励销售人员可能是重要的一环。

对销售人员的激励主要分为个人和团队两个维度。以个人为主的销售主要取决于销售人员个人与潜在终端客户的良好沟通，比较典型的例子在零售和个人金融产品的销售中。以团队为主的销售则主要依赖销售团队与潜在客户的深入沟通，如专业服务、复杂软件系统、成套设备等产品或服务的销售，需要销售团队完成与客户的多层次、高频率的深入沟通协调。

对销售人员可采用目标考核方式进行薪酬设计。例如，先将企业的年度销售目标分解到具体的产品或销售区域中，然后再分配给具体的业务人员。一般考核指标有：

（1）销售回笼完成率，在所有考核中占40%；

（2）开单完成率，占考核的30%；

（3）应收账款管理，占考核的10%；

目前大部分企业对于销售人员的定薪方法有以下几种：

（1）纯提成制。这种薪酬制度没有底薪，完成多少业绩拿多少提成，如果当月完不成业绩就没有薪酬。这种薪酬制度虽然能够在很大程度上激发销售人员的工作热情，但由于风险较大，因此一般会吓退不少销售人员，不利于人才招聘。

（2）纯薪金制。这种薪酬制度是无论能否完成业绩，都会给予销售人员固定薪水。这样能够降低企业的雇佣成本，但由于对销售人员产生的激励作用小，因此销售人员可能产生消极怠工念头，长久来看还是会影响企业的效益。

（3）基本底薪+提成制。这种薪酬结构首先给予销售人员保障性的底薪，然后制定相应的销售目标，完成目标会按比例提成，完不成则没有提成，这样能够较好地调动销售人员的积极性。

（4）基本工资+奖金制。这种薪酬结构奖励的部分大于基本工资，能够最大限度地激励销售人员，是一种能给销售人员带来安全感且有较好激励效果的薪酬结构。

（5）基本工资+提成+奖金制。这种薪酬结构的提成和奖金都具有激励性质，且激励的薪酬在总的薪酬中的比例提升，是目前大部分企业采用的、激励效果较好的薪酬体系。

在制定销售人员薪酬体系时，管理者必须在充分理解公司战略的基础上设计出有效的提成方案，同时需要考虑销售人员的匹配性、产品或区域的差异等。不过，我们要明白的是，没有绝对完美和公平的提成制度，只要其能够最大限度地起到激励作用，并将负面影响降到最低，就是合适的薪酬激励体系。

二、晋升激励：
给员工可展望的未来

11. 对员工进行职业规划

从本质上来说，没有不追求上进的人，所以不断提升职业发展路径几乎是所有员工的梦想。而要想提升职业发展路径，就必须对职业进行规划。

职业规划对于每个员工来说都非常重要。通过制定明确的职业目标和职业发展规划，员工可以更好地发挥自己的技能和才能。首先，员工通过了解自己的兴趣和优势，来与企业提供的职位进行匹配。其次，企业为员工设定短期和长期目标，并制订相应的行动计划来实现这些目标。再次，按照企业规划，员工不断学习和提升自己的技能，以适应不断变化的市场需求。最后，职业规划激励员工要有耐心和毅力，在实现职业目标的过程中面对挑战并保持积极态度。通过进行有效的职业规划，员工可以更好地掌控自己的未来，并为企业做出更大的贡献。

职业规划是为了让员工知道自己的过去、现在和未来，让员工知道自己积累了什么资源和经验、有什么本领和特长，让员工在现有的岗位上成为优秀的员工，并发挥出自己的优势和特长，然后为将来的晋升做铺垫。职业规划激励用一句话概括就是"让员工掌握赚钱的本领比本身赚钱更重要"。

企业为员工规划的职业发展通道至少有两种：一种是管理通道，另一种是专业通道。管理通道是指员工沿着管理路径进行职业发展，比如员工沿着"专员→主管→经理→总监→总经理"的路径发展。专业通道是指员工沿着专业路径进行职业发展，比如技术人员沿着"技术员→工程师→高级工程师→首席专家"的路径发展。

二、晋升激励：给员工可展望的未来

【案例】

海底捞的员工为什么对待简单的工作都那么积极呢？背后的原因就是晋升激励。海底捞对每个员工都要进行轮岗实习，从后厨到厅堂，把每个员工都往储备干部方向培养。海底捞开设的企业大学课堂有很多课程，员工平时可以去那里学习海底捞的管理方法，成长快的员工还会被送到其他业绩好的餐厅学习，或者被委派到海底捞的新店去协助开店，甚至有机会成为海底捞内部的培训老师。

企业要帮助员工成长。员工在成长的过程中，会对企业更了解，对领导更有感情，对企业的流程也会更清晰。通过这个成长过程，员工会更有成就感和归属感，也更愿意加入到团队中来。因此，企业管理者要想明白：员工来到企业，除了赚钱外，更多是为了实现自己的梦想。既然如此，那么在今天这个竞争激烈的社会，企业如果反过来帮助员工成长，反而会得到意外的红利。

那么，企业如何帮助员工进行职业规划呢？

（1）在新员工入职时就明确告诉他们，公司有晋升制度。基层的员工、中层和高层的管理者，每个岗位都有初级、中级和高级岗位等，让员工清楚自己未来的职业之路该往哪个方向走。

（2）帮助员工确定发展目标。这个目标可以分为短期目标和长期目标，然后通过了解员工的兴趣和优势让他们将目标量化，以尽最大可能做到人尽其才、人岗匹配，为员工成长提供机会。

（3）帮助员工了解自己的短板和发展瓶颈。检查员工当前工作表现和做出的成果，了解员工的工作方式、沟通技巧和处理问题的能力，尽可能让员工发挥长板，规避短板。

（4）帮助员工制订详细的计划。计划包括需要学习的知识、技能和实践机会，确定可以为员工提供帮助的导师、领导和同事，并且在计划执行的过程中随时跟进、记录员工的成长。

（5）定期跟进员工的进展情况。记录他们完成的任务、达成的目标和遇到的阻力，必要时提供支持和反馈，并根据实际情况进行调整，来确保员工的职业发展与企业的战略目标一致。

12. 培养员工的领导力

传统的企业管理模式，直接把人分成两类——领导者和被领导者，其中领导者的职责就是管理下属。这种领导模式已经伴随我们很长时间并曾获得巨大成功，目前不少企业依然沿用这种管理模式进行管理。但现在，随着社会经济和人们思想观念的转变。尤其是90、00后的崛起，他们自由、自我的强烈意识影响到了社会的方方面面，也使得企业发展迎来了一种全新且更有效的领导模式——全员领导力模式。这里的领导力意味着放权，而不是控制，意味着培养领袖，而不是制造更多的被控制者。把员工培养成具有领导力的管理者进行自我管理，这也是对员工的有效激励。

在现代企业中，培养员工的领导力已经成为一项重要的任务。一个拥有良好领导能力的团队，能够更加高效地完成工作，并取得好的业绩。

培养员工的领导力是人人都被授予权力，人人都不被操纵，也不控制别人，当领受了一项具体任务后，在执行过程中不会受到上级过多干涉，在无压力下员工往往能够超水平发挥。就像史蒂芬·柯维说的那样："领导力是一种释放人类才智和潜能的艺术。"你也许可以通过金钱、职位、权力或胁迫这些外在的东西来获取某人的支持，但是，如果要让一个人发自内心地愿意为组织贡献才智、激情、忠诚、拼搏等精神，一定要发挥员工自己的领导力才能够实现。

谷歌创始人拉里·佩奇说："未来组织最重要的不是管理与激励，而是赋能。"大部分管理者用经验告诉我们，在未来的组织管理中，最核心的价值就是怎么去赋能和激活人才；华为、腾讯、京东等高科技互联网企业大力提倡的都是赋能。赋能的背后就是培养全员领导力，而不仅仅是领导发号施令，下属执行。

那么，企业要如何培养员工的领导力，达到激励员工的目的呢？

（1）建立一个良好的培训体系。通过定期举办各种形式的培训学习活动，可以帮助员工提升自己的技能和知识水平。此外，还可以邀请专业人士来授课，以分享他们在实践中积累的经验和教训。

（2）在日常工作中给予员工更多发展机会。例如，可以给予他们独立负责某个项目或任务的机会，并提供必要的指导和支持。通过这样的方式，不仅可以锻炼他们解决问题和决策的能力，还可以增强他们对团队合作和管理方面的理解。

（3）在评估绩效时要注重对员工领导力发展情况的评估，并及时给予反馈和奖励。这样一来，员工就能清楚地了解自己在领导力方面的成长和不足之处，从而更好地调整自己的发展方向。

总之，培养员工的领导力是一个长期而复杂的过程。通过建立良好的培训体系、给予员工更多发展机会以及及时评估和反馈，企业可以有效地提升员工的领导力，从而为企业的发展打下坚实的基础。

13. 帮助团队成员发挥各自的优势

一个优秀的团队，往往更像一支球队，没有类似金字塔的层级，大家以扁平化的状态聚在一起，是为了进步、为了赢得最终的胜利。只有这样才能将团队打造成一支无坚不摧的铁军。而在这样的一支球队中，必须要有前锋、后卫、门将等发挥各自的优势，如有善于防守的，有擅长进攻的，这样才能让这支球队变成战无不胜的"虎狼之队"。对于一个团队也是如此。

对于一个团队来说，帮助其成员发挥各自的优势，让每名成员都有"用武之地"，从而激发自己的潜力为整个团队做出贡献，这既是对成员的尊重，也是对他们的激励。

当一个人努力工作、有过硬的技能、能够提出有用的建议等，可以充分发挥自己的优势的时候，那么他就更有可能成功。真正会激励别人的管理者，都是在给别人机会，让他根据自己的兴趣和优势成长。如同管理顾问白金汉在研究了几百个组织和领导者后表示，有一种品质会让真正伟大的经理人与众不同，那就是他们能发现每个人的独特之处，然后加以利用。所以，优秀的管理者就是把一个人的特殊才能变成他的业绩。

【案例】

美国西南航空用"排名调查"激励员工的成就渴望。美国西南航空的内部杂志经常以"我们的排名如何"这项内容让西南航空的员工们知道他们的表现如何。在这里，员工可以看到运务处针对准时、行李处置、旅客投诉等三项工作的每月例行报告和统计数字，并将当月评估结果和前一个月的评估结果做比较，列出西南航空公司整体表现在业界中的排名。同时，还会列出业界的平均数值，以便于员工掌握趋势，同时比较公司和平均水准的距离。西南航空的员工对这些数据具有十足的信心，因为他们知道，公司的成就和他们的工作表现息息相关。当某一同行的排名连续高于西南航空几个月时，公司内部会在短短几天内发布这个消息。然后，所有员工都加倍努力，期待赶上对方。

西南航空不是一个人做出来的成绩，是所有员工共同发挥各自的优势的结果。

如何才能帮助团队成员发挥各自的优势呢？

（1）员工的特长和兴趣与岗位充分匹配。人只有干自己擅长的事情才会突出优势，所以管理者要调查员工的专长与兴趣，为其分配相匹配的岗位，这样才能让员工的才能尽情发挥，并因为是自己的优势所在，因此工作干得更出色，也更有成就感。尤其对于新生代员工，他们对一家企业满意与否，不是多几百块工资，而是工作氛围好不好，企业提供的工作餐是否用心，工作内容是不是自己喜欢的。

（2）工作氛围轻松有趣，才能发挥创新能力。工作氛围轻松才有利于员工创新能力的展现，如果做什么都需要看领导脸色，那么员工就会畏手畏尾，无法充分发挥自己的优势和才能，遇事更不会承担责任。只有让员工觉得不紧张，他们的优势和特点才能充分释放出来。因此，可以在工作紧张的状态下设立一些轻松的环节，比如玩玩团队小游戏，让员工有喝下午茶的时间，去办公楼下散散步，带员工去团建等。很多企业开始给员工打造宽松的办公环境，可以居家办公，也可以带孩子甚至宠物上班，甚至可以选择上班和休假的时间，减少无意义的制度，等等。总之员工轻松愉悦地工作，充分发挥员工的优势才能，达到企业和员工的双赢，就是好的工作氛围和好的企业制度。

（3）不要有办公室政治和马屁文化。一个办公室一旦有了钩心斗角和马屁文化，就很难让优秀的员工服气，他们又怎么能展现自己的优势和特长呢？所以，企业要把人的能力看作是第一位的，而不应把溜须拍马当成能力。只要表现好，业绩就是硬通货，而不是"掌权者"不干活也能坐享成果，会巴结领导的人没能力也能得到晋升。消除等级象征，意味着工作要靠协同，而非靠层级关系。

（4）事前赋能，事后激励。员工需要的不是命令而是赋能，如果在执行一项任务之前对员工进行充分的信任，对员工做出的结果进行奖励，就会促使员工有更多的干劲儿。比如利用绩效奖励，在工作结束之后进行利益分享，用事后的物质奖励让员工和企业的长期利益趋于一致。

14. 多通道晋升激励法

企业为了留住优秀员工，减少人才流失，会开辟多条路径使员工得到晋升。有的员工销售能力非常强，但不一定能够胜任管理岗位；有的员工有很好的领导能力，但是不擅长做具体的事务性工作。所以，要给予不同的员工不同的晋升路径，如技术晋升路径、管理晋升路径；可以是一条管理晋升路径多条技术晋升路径，还可以是多条管理晋升路径一条技术晋升路径。不论是哪种晋升路径，在设计时都要注重平等性，不能太过侧重管理岗员工，也不能过于侧重技术岗员工。另外，每条路径的晋升都要有层级，如果是管理晋升，则可能包括销售员、销售组长、销售主管、销售经理、销售总监等层级。

【案例】

小 A 是一家公司的销售人员，因工作认真又善于沟通，销售业绩蒸蒸日上，工作仅一年就获得了销冠。公司对小 A 也很器重，不但给他颁发贡献奖金，还在提成上给予了回报。领导觉得小 A 的能力适合晋升，于是决定将他升为销售组长，并分拨了六个销售专员给他管理。小 A 觉得自己的能力得到了认可，便尽心尽力做好公司的销售管理工作。但小 A 的优势是销售，并不太懂管理，导致他与下属缺少有效的沟通，下属也不怎么服气他。时间长了，他管理的销售小组不仅执行力特别差，销售业绩也连续几个月下降。小 A 看到这种情况非常忧心，经常在员工回家后一个人加班加点地工作。不出所料，在年底的团队业绩考核中，小 A 负责的销售小组的业绩排在最后，其团队成员也纷纷越级向领导反映小 A 管理有问题。小 A 面对如此状况内心压力非常大，几次跟领导提出想要离职。

针对小 A 的情况，公司的领导们在研究后发现对小 A 使用的激励手段存在问题，于是便决定调整激励方案，撤回了对小 A 销售组长的任命。在与小 A 进行了深度沟通并征求其意见后，决定让他走技术晋升路线，即销售专员→市场专员→市场部主管→市场部经理→市场部总监。如此，让他在长期的工作中精进自己的专业能力，同时也逐渐锻炼了自己的管理能力。

这个案例就是对员工晋升路径设计不恰当造成的，对技术人员错用了管理晋升路径，导致原本一个销售冠军到了管理岗位上却无法胜任。所以，企业有必要为不同的人才设计多条晋升路径。

在设计晋升路径的过程中，可以将员工的工作态度、岗位能力、工作年限、绩效业绩等作为晋升指标，并要配合员工的意愿和兴趣来激励他。具体通过设计多条晋升路径来达到对员工的激励，有以下几个方法。

（1）向员工说明晋升路径。任何一条晋升路径都要详细跟员工讲明，路径之间的联系、岗位职责与晋升标准以及对应的报酬，这样员工才能明白自己的发展方向，找到适合自己的岗位，然后充分发挥自己的特长。

（2）让员工选择适合他的晋升路径。比如擅长管理的可选择管理晋升路径，擅长技术的可选择技术晋升路径，然后接受公司的相关岗位培训，正式上岗以后就能接受公司的晋升考核。

（3）过程考核和岗位调换。员工上岗以后会有一定的考核期，用于考察员工的能力是否与岗位匹配。如果员工发现自己不适合岗位，可以进行调岗，并进行岗位适应性的观察和考察，以确保最佳的匹配度，这样既利于企业发展，又利于员工个人晋升。

总之，多条晋升路径可以让员工获得更大的成就感，减少因不适应企业规定的晋升路径而导致的人才流失，同时又可以为员工提供更为广阔的发展空间和更具特色的职业选择，达到企业和员工的双赢。

15. 对特殊员工的破格晋升激励

企业中普通员工占大多数，但也不乏能力突出、具备特殊才能的人，对于这样的人的激励就不能走寻常的晋升激励路线，必要时可以进行破格晋升。通常这样的特殊员工或稀有员工，要么是具有广阔的人脉资源和较高的业绩，要么是有过硬的技术等。企业为了留住这样的员工，在其没有达到晋升条件时，为了增强其对企业的忠诚度，对其进行破格提升，也不失为一种可行的方法。

【案例】

某企业销售部经理因特殊原因离职，于是销售部决定在销售人员中提拔一个销售组长来顶销售部经理一职。该企业设定的销售晋升路径为：销售专员→销售组长→销售主管→销售经理→销售总监。如果按照这个晋升路径，销售经理必须从销售主管中选择，不能从普通员工中挑选。但销售总监认为在销售专员中有一位优秀员工，工作能力非常突出，工作态度良好，吃苦耐劳的精神也非常值得敬佩，每个月都会签好几个大单，从入职到现在，不到一年的时间已经有了骄人的成绩，远远达到了销售主管的水平，只是还没有晋升而已，目前恰好有销售经理一职的空缺，应该破格晋升。于是，企业领导层经商议后一致认为，可以对这个销售专员进行破格晋升。而晋升为销售经理的员工，由于得到了重用，工作比之前更加卖力，带领的销售团队也创下了销售业绩的新高。

那么，企业如何找到特殊人才并对其进行破格提升来达到激励的效果呢？

（1）发掘优秀人才。企业要有善于发现人才的眼光，一般来说要对员工进行大致分类，明确什么样的员工才是能对企业战略价值起到推动作用的核心人才，比如科研企业中掌握核心技术的人才是特殊人才，销售企业中掌握客户资源的人才是特殊人才等，企业对此要有自己的分类依据。

（2）破格晋升要有标准可依。破格提升不是随心所欲，而是要符合流程，让其他员工心服口服，这样才能显示出公平性和科学性。比如按业绩的要求达到50万元能晋升，某员工业绩为48万元，另一位则做到了70万元，那么第二位员工得到晋升就会让大家无话可说。因此，破格晋升的标准要定得高，能达到高标准的员工才符合破格晋升的条件。

（3）公示候选人名单。企业有意对核心人才进行破格晋升的话，需要找对方沟通，摸清对方是否有升职意愿，尤其是那些技术人员和销售人员，他们有的会更在意做好技术或干好销售工作，而不愿意承担更大的责任，晋升更高的职位。如果是愿意晋升的，则需要对其晋升信息进行公示，做到公开透明，并给候选人压力，激励其努力工作。

（4）对候选人进行考核。企业要对核心人才的表现进行评分，如果评分过低，达不到考核标准，那么就要对其进行鼓励；如果评分达到了考核标准，那么就要将相关考核数据公示，确保其他员工的知情权。公示结束后，应依据空缺岗位的需要，正式对该员工进行晋升。

总之，破格晋升激励属于晋升激励中的一种特殊方法，在使用的时候要兼顾公开性、均衡性，并且对那些没有被破格晋升的员工，要学会安抚，肯定他们的表现和贡献。同时，对晋升员工要做到依"标准"而行，不能让其他员工因心生不满而出现排挤该晋升员工的现象。

16. 轮岗也是晋升激励的有效方式

在晋升激励中，有一项策略如果用好了，对于激发组织活力、提升人效，将有意想不到的效果，那就是轮岗激励。轮岗，是将一个部门中有横向发展意愿的、多余的或不胜任的、才华被埋没的、厌倦了本职工作的人选出来，委派到另一个部门或组织中，让他从事原有的职务或新的岗位的工作，这种看似简单的调动，往往能够激发人的改进动力。

轮岗可以让员工不再做原来单一性的工作，让其工作内容更加丰富，有助于激发其工作热情。同时，轮岗可以让员工了解别的岗位的工作难度，这样能够产生将心比心的效果，促使其在未来做好本职工作，同时更好地与其他部门配合。

【案例】

有一家装修公司业绩同比去年下降了25%，为了找到原因，提升业绩，企业领导便召集销售总监和设计总监商量对策。结果销售总监将业绩下滑的责任推给了设计总监，认为是设计部门没有设计出新潮的家居，使得消费者不买账，才导致的业绩下滑。而设计总监则认为是销售部门管理不到位，出现了消极懈怠。面对这种互相推诿的情况，企业领导想了个好办法，让销售总监和设计总监轮岗3个月，在轮岗结束后各自提交一份总结报告，作为下一个季度公司发展的战略依据。轮岗半个月后，销售总监首先发现了自己部门的问题，在向消费者销售的时候只顾着业绩，却没有和设计部门做充分的沟通，使得设计师的家居亮点并没有得到充分的展示，导致消费者在看到成品的时候因没有得到预期的效果而不满意。而设计总监也发现了自己设计部门存在的不足，他们总觉得自己设计出来的东西才是值得尊重的，完全没有体会到销售人员的辛苦，导致沟通不畅，互相不理解，最终造成业绩下滑。于是，轮岗3个月后，两位总监根据自己的轮岗体验，各自出具了总结报告，找到了症结所在，并提出了切实可行的建议。果然，在接下来的正常工作中，销售部和设计部的沟通进一步加深，工作效率也得到了提升，更立竿见影的是，业绩开始渐渐回暖。

轮岗可以让企业中不同部门的人员彼此之间增强了解，提高对全局问题的判断力。在具体实践中，企业可以根据自己的需要，对员工进行轮岗激励。具体实施流程如下：

（1）轮岗前的沟通。想要让哪些员工进行轮岗，最好提前向他们说明轮岗的职责和岗位特点，让他们了解岗位的真实情况，然后由员工自主决定是否轮岗，对不愿意轮岗的员工不要强求。对于轮岗可以提前采取问卷调查的方式，了解员工对于轮岗的认知和接纳程度，再根据调查结果让有意愿的员工进行轮岗，这样才能起到更好的激励效果。

（2）制订轮岗工作计划。这个计划首先确定轮岗目的，是想短期内激励员工，减少员工的厌倦感，还是为了打破部门间的界限，使员工全面发展，培养其成为未来的接班人？其次是确定轮岗的时间，一般轮岗以6～12个月为宜，时间太短起不到效果，时间太长又会给员工心理造成负面影响。所以，只有合适的时间才能既起到激励效果，又不会影响员工的工作热情。最后是制作岗位交接清单，包括工作物品清单、工作进度清单、工作事项清单等，要在第三方的监督下交接工作，防止轮岗工作交接不清出现权责不明的情况。

（3）进行上岗前的培训。由于所轮换的岗位和之前的岗位不同，所以工作内容和方法也会和以前不一样，如果不提前进行培训，会出现业绩下滑、效率不高的现象。所以，提前对轮岗员工进行岗位培训，不仅能减少员工对新岗位的不适感，还能够让其尽快投入到新的工作中去。

（4）实施轮岗并做好监督。员工到了新岗位需要安排一些有经验的员工对其进行帮扶和监督，看其是否能够适应岗位，确保员工可以平稳过渡到新岗位。

（5）轮岗结束后的经验总结。轮岗结束后员工要从个人体会和工作能力两个方面来撰写总结，如果新的岗位给员工带来了成就，企业就可以允许员工调岗，这样员工能够以更加积极的心态工作，提高工作效率。

17. 高管年薪制激励法

所谓年薪制是以"年"为单位进行薪水的发放，一般企业会对一级部门负责人或类似总裁/副总裁等高管采用这样的激励方法，是一种企业根据生产规划和经营业绩，确定并支付高管年薪的分配方式。年薪制具有以下特点：激励性年薪制使高管人员的才能、绩效和收入相一致，具有较强的激励性。

年薪制不等于高薪制，其本质是体现出高管与企业实现风险共担、利益共享的原则，并且同一般职工的收入分离开来。

年薪制分为固定年薪和考核年薪两个部分，固定年薪即基本年薪部分，占年薪总额的70%，应参照当地上年度平均工资或企业平均工资，再结合企业类型、企业经济效益水平、经营规模等进行计算，按月发放。考核年薪即风险收入部分按照完成经营责任书利润指标的百分比来确定，有的企业会考虑任职时间或增设重点目标责任奖励。在年薪支付方面既有现金支付，也有股份、可转换债券等支付。在年薪制中，要重点关注是"固定年薪制"还是"浮动年薪制"，以决定年薪调整的可行性。而"浮动年薪制"模式的最大特点就是与企业的经营成果挂钩。

年薪制适用的激励对象一般包括企业的经营管理者（包括中层和高层）和一些其他的创造性人才，比如科研人员、营销人才、软件工程师、项目管理人才等。这些人具有这样的特点：素质较高，工作性质决定了他们的工作需要较高的创造力，工作中需要的更多的是激励而不是简单的管理和约束，工作的价值难以在短期内体现。

年薪制激励法是一种常见的激励方式,它不仅可以提高员工的积极性和工作效率,还能够促进组织的发展。

在年薪制激励法中,企业会根据员工的表现和贡献程度来评估其绩效,并相应地调整其薪资水平。优秀的员工往往能够得到更高的薪酬,而那些表现不佳或者没有贡献的员工则可能会面临降薪或者被解雇的风险。

总的来说,年薪制激励方式有这样几个优点:首先,它能够激发员工对于成就感和自我价值感的追求,从而促使其在工作中加倍努力和付出;其次,通过与绩效挂钩,企业可以更加公正地对待各个岗位上的员工,并给予他们应有的回报;最后,年薪制还可以帮助企业留住人才和吸引优秀人才加入。

当然,在实施年薪制时也需要注意一些问题。首先,要确保评估体系的公正透明,并避免主观因素干扰评估结果。其次,要确保激励机制与企业的战略目标相契合,避免激励过度或者不足。最后,要及时给予员工反馈和培训支持,帮助他们提升自身能力和绩效。

总之,年薪制激励法是一种有效的激励方式,可以提高员工的积极性和工作效率,并促进企业的发展。不过,在实施过程中需要注意解决好一些问题,以确保其有效性和公正性。

18. 特别贡献奖激励法

有的企业会设置一些特别贡献奖来激励员工努力创造更多业绩。大概来讲,特别贡献奖的奖励包括奖金和称号两个方面,其中奖金金额一般较高。特别贡献有许多种,例如,提出了一项合理化的建议,为企业节省了大量成本；由于提供了某一信息或某一销售渠道，为企业增加了许多销量；由于做出了一项重大的技术革新，为企业减少了许多设备投资等。

【案例】

某销售团队为了调动销售员的积极性，决定设计一个特别贡献奖，激励对团队做出卓越贡献的员工。确定了评选范围是各个团队的销售员及销售经理，评选考核周期3个月，评选标准是超额业绩贡献奖，即凡是月业绩达到20万元的销售员，奖励5000元，团队业绩超过100万元的销售经理奖励3万元；销售渠道创新贡献奖：凡是找到新商品销售渠道，使企业销售利润大幅提高的员工，奖励3000~10000元、销售经理奖励2万~5万元。经过3个月的激励，整个销售团队的业绩有了你追我赶的势头，销售业绩节节高升。

那么，企业想要设立特别贡献奖激励员工，具体有哪些操作要领呢？

（1）设立贡献奖的标准。无论任何奖项，都要有科学合理的标准，如果标准不合理，奖项就起不到激励作用，同时还会挫伤员工的积极性。因此在设立贡献奖的时候，首先要明确员工取得什么样的工作结果或采取什么样的工作行为可以获得特别贡献奖。如果是销售团队，参考标准可以包括销售额、销售量，既可以卖出产品的总价为标准，也可以卖出产品的数量为标准。其次要明确贡献度，即达到什么贡献度的人可以获得贡献奖。特别贡献奖的奖励设定标准应该高一些，这样能够起到更大的激励作用。

（2）特别贡献奖的相关标准确定以后，要以通知的形式宣布获得此奖的标准，对于员工的不解之处要及时解答，确保员工能够了解特别贡献奖的内容，从而激励员工努力工作。

（3）审核奖项和及时颁奖。如果员工的工作达到了特别贡献奖的标准，那么应该主动向主管部门申报奖项，然后由相关主管领导进行奖项的审核，判断其是否达到获奖标准。如果未达到就要及时与员工沟通，如果达到获奖标准就一定要及时把特别贡献奖颁发给员工。这样做既能体现团队对于奖项和该员工的重视，也可以提高员工自身的荣誉感。

（4）宣传获奖事迹，带来更多激励效应。颁奖结束后，为了让激励效果更持久，以便带动整个团队的工作热情，需要对获得特别贡献奖的员工的事迹进行宣传。

在使用特别贡献奖激励法的时候，需要坚持以下几个原则：

（1）注重持续激励。任何奖励如果昙花一现，往往起不到太长远的激励效果，可以进行持续性的奖励，比如制作获奖员工照片墙，达到时刻激励员工的目的，督促其他员工也积极去争取。

（2）差异化。把特别贡献奖与一般的奖励进行差异化，要让员工觉得新鲜或眼前一亮，这样才能激发员工想要争取的意志。

（3）遵循能者多得。特别贡献奖的重点在"特别"二字，故而如何将奖励设计得特别，非常考验管理者的智慧。但无论怎么特别，都要体现能者多得这一根本原则，如此才会让人觉得公平合理。

19. 新老员工的师徒制晋升激励

师徒制激励是一种传统又有效的员工激励模式，有利于人员的学习和培养，在许多领域都得到了广泛应用。建立一个良好的以老带新的师徒关系，能够起到既激励老员工又激励新员工的作用。这种模式可以让新员工快速适应环境，老员工通过向别人传授经验和技巧而不断提高自己。

师徒制激励模式对现代企业而言依然重要，原因主要有三点。首先，它可以提高个人摸索的学习效果。师徒制可以更好地满足个体化需求，并通过实际操作来加深理解。同时，在这个过程中，师父们也会不断反思自己的知识和技能，从而提升自身水平。其次，师徒制激励模式可以促进团队合作。在这个过程中，新员工（徒弟）不仅仅是被动地接受师父的教育和指导，而是积极参与到团队中。师徒通过交流、讨论和互相竞争来提升自己的能力，并共同解决问题。这种合作精神将为团队的发展和创新注入新的活力。最后，师徒制激励模式可以培养出更多的优秀人才。通过与经验丰富的师父一起工作和学习，在实践中不断积累宝贵经验，让自己可以更好地应对各种挑战，并逐渐成为行业领域内的专家。同时，这种模式也为那些有志于传授知识、培养未来人才的人提供了一个平台。

【案例】

海底捞的服务可以说人尽皆知，之所以员工干活那么用心，就是采用了师徒制激励模式。海底捞人才激励的最终目的是培养新店长，来支撑公司不断开新门店。海底捞把这种师徒制激励模式称为"店长推荐制"，分为两个部分，分别是激励机制与惩罚机制。激励机制中包括晋升机制与利益分配机制，而其中晋升机制的具体流程如下：

第一步，进入人才库。由师父提名将优秀员工纳入人才库，这部分人会受到餐馆管理、服务提供、内部行政等额外的培训。

第二步，晋升大堂经理。通过初级培训考试的徒弟，在餐厅轮岗10个职务后，由店长推荐参与海底捞大学计划举办的培训课程，培训结束后进行评估，通过评估的人将升为大堂经理。

第三步，晋升店长。店长可提名大堂经理作为店长候选人，候选人参加海底捞大学举办的培训课程，结束后对其进行评估，通过评估的候选人才有资格成为店长。

第四步，成为店长后的利益分配包括基本工资与餐厅利润分成，徒弟餐厅利润越高，师父的收入就越高。

光有奖励还不够，海底捞还设计了惩罚机制，主要分为两块：支付课程费用、财务惩罚连坐两级。支付课程费用是指，店长要对提名的候选人负责，如果提名的候选人在培训结束后未通过评估，那店长及被提名的候选人就必须支付参与培训课程的费用。

从海底捞模式不难看出，师徒制激励模式带来的影响是双向的，这种影响更多地体现在激励上。师徒关系给师父带来职业生涯的促进和收入的增加，徒弟的能力也能协助师父完成任务，提高师父的绩效。如果企业需要扩张或是连锁类型的企业，可以对员工采用这种师徒制的激励晋升机制，往往能收到不错的效果。

20. 建立多通道晋升激励机制

在现代企业中，员工的晋升是一项重要的管理任务。为了激励员工不断进取，很多企业都采取了多通道晋升激励机制。

（1）企业建立明确的职业发展路径。每个岗位都有相应的职业发展路径，员工可以清楚地知道自己在企业中的晋升方向和目标。这样一来，员工就能够有计划地提高自己的技能和能力，为下一阶段的晋升做好准备。

（2）企业鼓励员工参与内部培训和外部学习。通过内部培训课程和外部学习机会，员工可以不断提升自己的专业知识和技能水平。同时，企业还鼓励员工参加行业研讨会、学术会议等活动，在交流与合作中不断拓宽视野。

（3）企业注重挖掘和培养优秀人才。企业通过定期评估和选拔优秀人才，并为人才提供特殊培训和项目经验锻炼的机会，不断壮大人才储备池。同时，员工也有了更多展示自己的才华和能力的机会，并在竞争中脱颖而出。

（4）企业建立公正、透明的晋升评审机制。通过考核员工的绩效和能力，企业可以客观地评估每个员工的晋升资格，并做出公正的决策。这样一来，员工就能获得自己努力付出后的回报，并对未来的晋升充满信心。

多通道晋升激励方式是在单一的行政等级晋升职业发展通道上所衍生出来的，具有多种非行政等级晋升通道的机制，例如技术通道、内部顾问通道等。

总之，多通道晋升激励机制为员工提供了广阔的发展空间和机会，激励他们不断进取。我们相信，在企业与员工的共同努力下，每个人都能够获得自己在职业生涯中更高层次的成就。

【案例】

在海底捞，每一个表现突出的员工都有可能成为管理层，海底捞设置了清晰透明的晋升路径：一线人员→领班→大堂→后堂→值班经理，薪资会跟着晋升阶层逐级递增。这四关都设置有相应的培训，如下店前培训/下店后培训/领班的培训/大堂、后堂、值班经理等的培训。

培训完会有考核，包括理论和实践两个部分，先进行理论考核，通过之后进行实践考核。越往上，考核难度系数越高，对员工的要求也越高。过了这四关，便进入了资深员工的后备店长队伍中。海底捞上市后，身家30亿元的海底捞COO杨丽娟是一线员工晋升的典型代表，在服务员、配料、上菜、付款、收货等都干了一遍后，她每半年升一级，从领班到大堂经理，19岁就成了简阳海底捞第一家店的店长。21岁那年，创立5年的海底捞首次走出四川简阳，到西安开了第一家分店，杨丽娟被张勇派去独立管理海底捞西安店。事实证明，海底捞的晋升渠道激发了员工的工作热情，让员工相信可以"用双手创造幸福"。

拿破仑说过，不想当将军的士兵不是好士兵。对于职场人士而言，晋升几乎是每个人的目标，其作用不言而喻，不仅是对员工工作能力的肯定和进一步的期望，还能对员工起到褒奖和鼓励的双重作用。在心理上，职位的晋升比薪水的增加更能让人有成就感和满足感。同样，完善的晋升体系对于企业而言同等重要，可以让企业在内部培养人才，减少外部招聘人才的时间成本和经济成本。所以，建立完善的晋升体系是值得企业重视的激励手段。总的来说，企业建立多通道晋升激励机制有几个方面的优点：

（1）强化了企业内部竞争的公平性与能力的匹配度。对于优秀员工而言，晋升的通道多，个人职位发展就能够得到更合理的激励。多通道晋升机制破除了单向度的晋升方式，提供了更多基于匹配度的晋升机制供企业和员工选择，能够实现量才为用，从机制上保障了公平性与匹配度。

（2）拓宽了员工的职业发展通道。多通道晋升可以打破企业千军万马争夺一个岗位的弊端，在传统的行政等级晋升的基础上，新开辟出其他的晋升通道，拓宽了人才的发展空间，减少了人才流失的风险。

（3）丰富了人才的激励方式，最大限度地保留了核心人才。一个企业想要留住优秀人才不外乎三种渠道，分别是"感情留人、薪水留人、事业留人"。对一些优秀且有抱负的员工，"事业留人"是更有效的方式。多个晋升通道的激励，正好契合优秀员工的需求，能够达到较好的激励效果。

三、目标激励：
激发员工共同愿景

21. 遵循SMART原则制定目标

作为企业管理者，想要激励员工为企业努力工作，那么确定并分享一个全体人员共同的愿景目标很重要。任何一个团队都需要设定目标，如一名辅导老师的目标可能是让每个学生的考试成绩提高至少20分，一个实验室的目标可能是承诺在两年内将错误率降低50%，一家非营利性组织的筹款部门可能会设定一个在3年内筹集5000万元的目标等。

在目标制定方面，可以遵循SMART原则。其中的S即Specific，指目标的明确性。很多团队不成功，就是因为目标定得不清晰，无法有效地传递给相关成员。M即Measurable，指目标必须是可衡量的，应该有明确的数据，作为衡量是否达成目标的依据。A即Attainable，指可实现性。目标必须是可达到的，目标定得不能太高，要在努力的情况下可以完成。R即Relevant，指相关性。目标必须和工作职责具有相关性，如果实现了这个目标，但与企业整体目标完全不相关，或者相关度很低，那么这个目标的意义就不大。T即Time-bound，指时间期限。目标必须具有明确的时间期限，目标的完成必须受时间的约束，否则就会成了没有时间限制的梦想或空想。

所以，目标激励的首要任务是要制定一个共同的目标，这个目标代表了团队的发展方向和未来前景，也是团队管理者和员工的行动指南。

团队的目标可以分为企业总目标和员工个人目标。一般来说，获取利润是企业总目标，也是最核心的目标。例如，某销售团队年初制定的目标是：客户投诉率降低10%。这只是该团队的组织总目标的一个表现形式，最终目的还是希望通过降低客户投诉率赢得更多客户的良好口碑，让产品更加具有竞争力和品牌价值，进而获得更多的利润。

组织总目标就如同一个蓝图、一个团队发展的框架，让员工对团队的发展充满希望，对工作充满热情，但是仅有工作热情是不够的，企业要懂得如何保持员工的热情，实现组织的总目标，这就需要企业帮助员工设置个人目标。

当企业管理层制定了企业总目标后，就要采取适宜的策略将企业总目标分解成部门目标，由各个部门的负责人再将目标分解成各个小组的目标，进而是岗位目标。在目标分解过程中，从目标到指标的设定，都应当遵循SMART原则。比如，要达到目标需要多少时间？必须什么时间完成？为了达到最终目标，是否确定了审查团队或个人进展情况的确切日期？是否能确保与该目标相关的人员在规定时间内完成各自的目标？按照这样的逻辑梳理下来，问题最终会被找到，无论是客户当下面临的问题，还是团队在项目分析时遇到的问题。发现问题是为了解决问题，而解决问题就是将目标与现状关联的过程，即团队成员需要通过努力把期望结果与现有的状态关联。

团队制定目标有两个原则：

第一个原则是能够激发员工的信心，让员工跳一跳能够完成。也就是说，目标既要有挑战性又要能够实现。

第二个原则是要随时调整近期和中期目标，让它们能够与远期目标相协调。

在实现目标的过程中，有以下三个注意事项：

（1）目标和结果可以被量化。

（2）个人或团队的目标必须在每一天、每一周、每一个月都有露脸的机会，即有持续性。团队成员必须时刻将目标和结果铭刻在心。

（3）目标要设置得有野心，最好超过当前的能力范围。目标如果可以轻松地完成，没有挑战性，那么就不会给员工带来成长。一个目标的完成需要团队成员为之付出极大的努力，甚至需要创造性地应用新方法、新工具，在完成的过程中团队成员的能力同时得到提高，这才是一个完美的目标。这个目标让团队知道这个阶段团队的极限在哪里，团队还有多大的上升空间。

22. 自下而上+自上而下分解目标

目标激励就是通过确立工作目标来激励员工。正确而有吸引力的目标，能够激发员工奋发向上、勇往直前的斗志。目标的制定，不可盲目求高、求大，而应考虑其实现的可能性，要使员工通过努力能够实现。只有这样，才能使目标激励真正发挥作用，实现目标激励作用的最大化。企业通过设置适当的目标，可以有效诱发、导向和激励员工的行为，调动员工的积极性。企业既要和员工一起制定可实现的目标，又要对目标进行分解，每个阶段完成一个小目标，帮助员工递进式成长。

制定企业总目标是一个自上而下的过程，而制定员工个人目标，既需要自上而下也需要自下而上。简单理解就是，当企业制定了总目标后，就需要将总目标分解成部门目标，再由各个部门的负责人将部门目标分解成各个小组的目标，这是自上而下的目标制定过程；而每个小组在分解目标的时候，需要跟基层的员工进行充分商量和讨论，以这个为基础制定员工的个人目标，员工参与个人目标的制定有助于提高员工的主人翁地位，减少制定目标的阻力，这就是自下而上的制定目标的过程。

只有将目标进行分解，才能使目标落实到人，也能使每个基层员工感受到自己被重视，从而起到激励员工的作用。毕竟企业总目标需要每个基层员工的努力才能达到。但不管是企业总目标还是员工个人目标，都不是一成不变的，必须要随着市场环境、员工个人实际情况等多方面因素的不断变化而调整。

【案例】

某运动品牌公司制定了产品"无次品"的总目标，然后激发员工去实现。"无次品"目标极大地调动了员工的积极性，增加了员工工作的挑战性。为了实现这一目标，该公司把目标分解到了公司基层2000名员工身上，每名员工都有检验产品的任务，把不合格的产品送回重新生产，并负责把所有发现的错误列成统计图表，用以了解产品质量状况。基层员工检验过的产品，小组专业的质检人员再次做彻底的检查。

如此的高标准、严要求，充分激发了员工的潜能，每一位员工在工作时都投入了自己百分之百的精力，从不疏忽大意，这样的高质量标准使公司的产品因质优而畅销全球，成为许多经销商的免检产品，也为公司树立了良好的企业形象。

想要目标成为实现的结果，离不开对目标的分解。而在分解目标时，需要注意以下几点：

（1）充分沟通。无论是企业整体目标还是个人目标，一定是针对整个企业，所以要不断强调和充分沟通，让大家做到胸中有数。如果管理者不去向下属说明这个目标，它就成了管理者自己的目标而不是大家共同的目标。

（2）听取员工的意见和建议。员工在执行目标的过程中得到的经验往往更具参考价值，所以要多听取员工的意见和建议，一方面可以让员工参与进来，使他们觉得这是自己的目标；另一方面可以增加员工对共同目标的认识，让每个员工都能在目标完成的过程中充分发挥特长。一个有效的工作目标，应该建立在对大家都有利的基础上，这样才能激起大家的共同兴趣。企业全体成员一起讨论目标的建立，就是一次头脑风暴的过程。俗话说"三个臭皮匠顶个诸葛亮"，让大家一起讨论，能够辨识出目标建立得是否合理，进而提炼出一个最好的目标，来实现企业和个人的互惠双赢。

（3）确定主要目标和次要目标。企业的发展取决于目标是否明确，只有对目标做出精心的选择之后，企业才能更好地生存和发展。一般来说，主要的目标就只有一个，比如有的企业主抓销售，有的主抓服务，有的主抓口碑，这就是主要目标。一旦确立一个主要目标，就等于明确了企业和员工的未来发展方向，让大家朝着一个目标去努力奋斗。

23. 签订目标责任书

目标责任书是一种由企业与关键岗位人员签订的关于实现某个时间段经营目标的约定，其内容明确了双方的责任、权利和义务，包括岗位工作职责、薪酬标准、考核指标、岗位人应尽的义务等。其作用在于将每个员工需要完成的结果落到书面上，做到完成与否都有据可依。

同时，目标责任书又是一份富有挑战性和激励性的文件，它不仅是一种承诺，更是一个激发员工个人潜力的机会。明确目标是签订目标责任书的核心。每个员工都需要有一个具体、清晰和可衡量的目标来驱动自己前进。没有明确的方向，员工将无法知道自己是否离目标更近了一步。通过签订目标责任书，员工可以将自己内心深处渴望实现的愿景转化为具体又切实可行的计划。这样做不仅能够帮助他们集中精力、提高效率，还可以增强企业内部员工之间的协作。

在实现目标的过程中，每个员工都需要不断挑战自我并超越极限。通过签订目标责任书，并将其作为员工日常工作和生活中持续努力的动力，才能让员工不断突破自我，实现个人成长和进步。

无论是企业总目标还是个人目标，完成目标的过程都需要相互支持，通过签订目标责任书，可以明确每个员工在企业中扮演的角色和职责，并保证每个员工都能发挥出自己最大的潜力。当每个员工都明白自己对整体成功的重要性时，企业内部就会形成紧密合作、高效运作的良好氛围。

那么，围绕着目标责任书的签订，企业应该做哪些工作呢？

第一，各个岗位都要签订目标责任书。根据目标达成率，对薪酬收益分别进行测算，测算应具有充分吸引力，让岗位人员明确其目标的完成情况与其收入的紧密联系。测算的结果应体现奖优罚劣的原则，即目标完成度越高，收益越可观，相反，惩罚力度就会越大。

第二，签订目标责任书之前召开共识会议。签订目标责任书不是目的，让大家认同企业文化、达成共识并能指导一致行动才能真正起到激励的效果。会议要对关键岗位人员进行宣导，目的是让责任人拥有绝对的信心，并为与每个人的面谈做好前期工作，降低签订目标责任书时的抵触情绪。签订本岗位目标责任书，一式两份，由岗位人、人力资源部分别留档，并开始下一阶段的工作安排。

第三，环节把控与过程管理。在签订目标责任书后，就要开始为目标的实现制订详细计划，然后分解落实到各个基层岗位，并监督实施。好的战略目标，不应停留在关键岗位上，而是要将整体目标分解到每个岗位上，实现企业全员为达成战略目标而共同努力。此外，还要对过程节点进行把控，出现阻碍目标完成的情况时，要分析原因并及时调整，以保障任务目标的最终完成。过程把控可采用月度或季度绩效考核的形式进行评估，针对每一阶段应完成的工作重点，有侧重地对岗位人员的阶段性工作做出总结，充分做到查漏补缺，对工作中的弱项及时弥补，让岗位人员时刻关注战略目标的实现，从而提高目标完成效率。

24. 设计团队共同目标

动物世界里有这样的现象：在非洲草原上如果见到羚羊在奔跑，那一定是狮子来了；如果见到狮子在躲避，那就是象群发怒了；如果见到成百上千的狮子和大象集体逃命的壮观景象，那是什么来了呢？——是蚂蚁军团来了！可见，团队的力量才是不容小视的。一个企业如果想要激发员工的内在动力，就绝离不开团队力量，而要想把整个团队凝聚起来，就需要为整个团队制定一个共同的目标。

如果团队没有共同目标就容易走向失败，比如水泊梁山一百零八位好汉，可以说无论谋略还是武力都是个顶个的精英，但却因为没有共同目标最后落得个凄惨的下场。

【案例】

西游记是一部唐僧师徒历经九九八十一难斩妖除魔，最终成功取经的故事。我们知道西游团队中总共有4人，分别是目标坚定的唐僧，能力超群但不听管教的孙悟空，好吃懒做、时刻想着散伙分家的猪八戒，能力有限但胜在忠诚的沙和尚，再加一个有犯罪前科但已洗心革面的白龙马。这样一支临时拼凑的队伍，最终却历经艰险，取得了终极胜利——到达西天取得真经。他们能够取得成功的关键在于内心有强烈的目标感，并都愿意为了实现这个共同的目标而去承担自己应该承担的那一份责任。孙悟空有能力所以降妖除魔，猪八戒心宽体胖起到了活跃团队氛围的作用，沙和尚任劳任怨包揽了一切重活，白龙马忠心耿耿当唐僧的代步工具，几人相互配合最终完成了取经任务。可见，一个高绩效的团队必须要有一个明确的共同目标，且团队成员的行动都要围绕目标的实现而展开。

团队共同目标都包括哪些内容呢？

（1）经营目标，这是必须向全体成员时刻传递的目标。包括收入利润目标，这是团队活下去的基础，所以一定要跟员工反复宣讲；成本质量目标，是指客户市场，也很重要；创新增长目标，是衡量企业能否持续发展下去的关键，比如要经常开会问问员工这个月为下个月打基础了吗？这个月有新的考核点吗？这个月特别希望的增长点是什么？

（2）月度、季度、年度等目标上墙和盘点，监督团队自查完成了多少，还有多少需要完成，要让所有人都能时刻关注到团队目标。

（3）不断反馈目标完成的结果。反馈的目的不是为了挑毛病，而是为了改进，让流程变得更好，让效率提升。如果在反馈之后发现员工是积极的，那么就证明反馈成功了；反之，如果反馈之后员工表现得很不屑和不满，那反馈就是败了，下次反馈可以尝试做些调整和改变。反馈要做得具体，可以使用 STAR 模型，即 Situation（情境）、Task（任务）、Action（行动）、Result（结果），也就是向对方说清楚他在什么情境下需要完成的任务是什么，他采取了哪些行动，取得了什么样的结果，这个结果是好还是有待改善。

（4）对反馈的目标结果进行复盘和调整。反馈之后要看员工做了哪些事情，或者是没有做哪些事情；具体存在哪些问题，有哪些方面没有做到位，针对这些方面为员工提出哪些建议（第一步、第二步……），让员工可以清楚地意识到自身存在的不足；了解和关注员工内心的想法，跟员工一起分析问题，探讨解决方案。

25. 规划出目标实施的详细步骤

有了共同的目标，并签订了目标责任书之后，接下来要做的就是规划出目标实施的详细步骤，这样更有利于目标的实现，以对员工起到实质性的激励作用。

目标实施的详细步骤如下：

第一步：界定团队范围。

所谓团队范围就是决定由谁来执行目标，如果团队成员是执行目标的专选人员，那么就很容易界定团队的范围了。专门的团队哪怕是刚成立的，也很容易界定范围。

举个简单的例子，该目标的执行者是销售团队，那么所有的销售人员就都是团队成员，因为大家都熟悉平时的业务，如果执行新目标，也仅仅是在原来的工作上有了新的任务和目标而已。如果是兼职的人员来组成目标团队，那么就不像专任的成员那样容易组成团队，因为业务性质有差异。所以，界定团队范围的意义就在于，最初导入团队成员的时候，要考虑日后的任务属性，如果能运作顺利，就可以增加成员，扩大团队，最好以业务交叉多的部门为中心。

第二步：设定团队任务。

目标的实现离不开设定任务,设定任务时注意不要"一言堂",不要领导自己说了算,否则会让团队成员感觉不是共同的任务,而是交办任务,那样大家的心就不会往一块儿想,劲儿也不会往一块儿使。正确的做法是自下而上,让团队成员都领会任务的内容。设定任务时,要让大家知道团队的存在对外部有什么好的影响,也可以说如果团队丧失机能,对外部会有什么不好的影响。接下来要介绍设定团队任务的范例,可以用便条纸收集意见,流程如下:

(1)在纸上写出"我们的客户":一个人写几张都没关系。所谓的客户,是对团队成果会感到开心和满意的人。将每个人所写的"我们的客户"贴出来,如果有重复的就贴在一起。

(2)选择"我们的客户":如果选项有两个,那就投票决定。如果选项超过三个,可以一人两票或三票,采用复数投票的方式。

(3)以选定的客户为对象,在纸上写出"客户对我们的期望":如果可以实际面对客户,直接询问对方是最好的方法。若碰不到面,可以依照过去的经验想象列出。

将"客户对我们的期望"筛选至三个以内。以"实现客户的期望"为对象,在便条纸上写出"我们提供的服务"。将"我们提供的服务"筛选至三个以内。

第三步:设定目标完成的时间。

订立目标有两个诉求,一个是进行新的创意,比如开发新的产品和开创新的业务,另一个是在原有基础上进行完善。因为诉求不同,执行目标所需要的时间也不一样。创意型的任务是要实现从 0 到 1;改善的任务,则要实现从 100 到 200。无论是创意型的还是改善型的,时间太长或太短都不太好衡量任务完成的情况。所以,一般以 3 个月为最佳。

第四步：设定关键成果。

订立了目标之后，要想实现目标则离不开关键成果，也就是执行目标的过程中需要用数值表现出来的成果。只要了解提升团队成果需要如何行动、会有什么影响，就能马上设定关键成果。但是，如果状况并非如此，则建议进行内容分析。尤其是对于一个新的目标，团队对于该目标领域的知识几乎不了解，所以团队成员要一边提出意见讨论，一边做出假说。

第五步：对工作进行复盘，确定以后的工作方向。

对之前工作的复盘是一个非常好的方式，可以让团队成员更清楚地了解团队当前的状况，如有哪些资源，已取得了哪些成绩，距离团队的战略目标还有多大差距等。作为团队管理者应当清楚地为团队成员解答，这样才能在团队认知一致的前提下明确下一阶段的工作方向。此外，可以在团队内部进行关于目标的头脑风暴，即让每个团队成员在了解了接下来工作方向的前提下，提出自己认为的团队的工作目标以及团队目标下自己的工作目标。接着开目标讨论会，让每一位成员阐述自己的目标以及为什么要设定这样的目标，让团队成员彼此之间互相了解大家对于团队发展的思考，这必然比团队管理者自己制定团队目标要更加全面和更容易被团队成员接受。提出团队目标后需要将目标提交给上级部门审批，同时向上反馈团队目标也能得到上级的意见指导，能够让目标更加完善，更好地对齐企业总目标。

第六步：用公示栏公布目标。

通过会议或者公示栏的方式来正式公布团队目标，是必要的。每一个参与过目标头脑风暴的人必然都期待一个正式的结果。如果目标与提交审批的目标一致那么就可以直接公布；但如果参考了上级的意见对目标有所修改，那还是通过会议公示更好一些，只不过要说明进行修改的原因，以免让团队成员失去目标制定的参与感。

规划出目标实施的详细步骤的最大好处莫过于，能够充分证明团队目标的产生是所有成员的智慧的结晶，这样既能解决团队成员对于未来工作方向认知上的不统一，又能增加团队成员实现目标的动力。

26. 让员工使用"我计划……"去实现目标

无论是学习还是工作，内驱力才是一个人真正发挥潜力和实力的关键。因此，企业的目标制定得再高大上，如果员工只是被动地听从命令，而无法自己执行计划或头脑中没有完成计划的蓝图，那么就很难获得好的结果。所以，要想将目标完成得漂亮，关键是激发出员工的内驱力。

而激发员工内驱力的方法，就是让员工使用"我计划……"去实现目标，也就是沟通的时候员工以"我计划……"开头。

在与员工沟通目标实施计划时，让员工以"我计划……"开头，需要用到哪些问话技巧呢？

（1）问员工对于目标完成的计划"什么时候做"。

如果一个员工开始思考自己什么时候该做什么，并随时都能向管理者汇报工作进度，那么就向目标计划迈出了第一步，而这也正好符合想干—能干—干好这三个环节。

在激发员工内驱力方面，有些管理者认为"员工应该知道自己什么时候做什么，管理者没有责任告诉员工做什么，怎么做"。抱持这种观点的管理者往往习惯抱怨员工不能满足自己的要求，达不到自己的预期。但管理者却没有想过如果他没有清晰准确、言简意赅地向员工传达自己对员工的期望，那么员工又怎么能达到管理者的期望呢？

所以，作为管理者，激发员工内驱力就要明确告诉员工什么时候做什么，工作进度应该如何把握。如此，当你再问到"什么时候做"时，就能听到员工的准备工作做得如何了。

（2）问员工对于完成目标的"行动计划是什么"。

员工的积极性就是他心中有实现目标的计划和想法，即说明他已经有了下一步的打算。至于这个行动是否有价值，如果管理者听了觉得不是很好，可以给出参考建议；如果员工的计划很好，那就放手让他去做，等出了结果再看。

（3）问员工"实现这样的目标有什么价值"。

员工心中对于实现目标的价值不一定与企业的期望价值一致，但可以通过员工的回应知道员工真正的价值取向，这是一个鼓励员工将想法说出来的过程，也是管理者与员工知己知彼的过程。

员工在做事、做决定时，要鼓励他跟上级多沟通，且要有意识地创造沟通的环境，比如找个非办公室的场合进行一对一的沟通等。这有助于管理者及时发现团队中存在的问题，同时也对员工表达了关怀，有助于团队上下达成一致的目标和共同的价值观。

如果刚开始员工使用的"我计划……"不太好，有几个方法可以帮助其开启思考模式：

①如果是一个需要立即做出的决定，就先由管理者决定，再让员工扮演站在决定对立面的"红队"并评估决定的可行性。

②如果做出决定的时限还算充裕，先请员工给出意见和建议，然后做出决定。

③如果做决定的时限允许往后延，就要求员工一定要给出意见和建议。不要强迫员工草率达成共识，要珍惜不同的意见。

27. PK式激励法

在完成目标的过程中，形成一种PK氛围往往会激励参与目标完成的人员产生更多的动力，毕竟人的内心都有一种竞争意识，有了PK就会产生你追我赶的效应。例如，销售团队中每个人分别设定目标，低于目标的乐捐，公司根据乐捐金额进行1∶1跟投，奖励给达到目标或排名靠前的人员。

以销售团队为例，普通员工每人交纳200元，销售组长交纳500元，销售经理交纳1000元，以此形成奖金池，获胜小组将获得总奖金池50%的金额作为奖金，以销售的总金额作为冠军评比准则，不能弄虚作假，要做到奖惩有度。要注意的是，PK激励法的运用必须由组长或经理亲自带小组，这样才能在PK结束后总结实战经验。

PK不限于销售团队，还可以在员工与员工之间、团队与团队之间进行，PK的时间可以月度、季度为限。

实施PK激励法时，有以下几个步骤：

（1）开PK启动会，既可以是某个团队之间的PK启动，也可以是全员参与的PK。可以先给管理层开会，然后让管理层再去给自己的部门开会，目的是做员工的思想工作，最后再开全员启动会。

（2）合理分组和组长选拔，确定PK所需交纳的费用。员工与员工之间、部门与部门之间、大部门下的队与队之间都可以进行PK。员工为了不让自己输，就会拼命干活，不论最终输赢，双方在约定期限内都会全力以赴，绩效自然好。哪怕月月都是输的，对比没有PK时的自己，状态、业绩、成长也都完全不一样！PK机制让员工在欢乐的追逐中增加收入、提升自己。而敢于PK的员工就是企业需要重点关注和培养的人才。

（3）设置PK的时间，以一个月或一个季度为限。时间太短起不到效果，时间太长容易让人产生疲劳感，也达不到激励的效果。

（4）设定PK的方式，比如业绩PK，销售某产品，每日卖多少，收入多少，小组一天能开拓多少个新客户等；或者团队的员工一周卖多少产品，服务了多少个客户，得到了多少收入等。在业绩PK中可以分为个人与个人、小组与小组、店与店、分公司与分公司这样的PK对象；也可以分成战队，比如牛气冲天队、尖刀冲锋队等，可以自行设定一些名称。

（5）PK结果的奖惩。在PK结果奖励方面，可以设置个人奖励和获胜队奖励。其中个人奖励可以设置每组中的前三或第一名，例如每个队的组内第一，额外奖励小组总业绩乘以1%，相当于公司再另外拿出一个点，把全组的业绩总和的一个点都奖励给第一名。个人第一的奖励实际就是做组内PK，激活组员的动力。获胜队的奖励可以是双方交纳的对赌金＋销售提成＋公司额外奖励。

【案例】

某销售部12名员工分成狼队和鹰队进行PK，每个组的6个人分别拿出1000元对赌奖金，两个队加起来一共12000元进行业绩PK。两个队做PK，其他不做业绩的同人，比如人力资源的员工、财务部等，可以选择站队支持其中的一队。假设有5个观众5000元买狼队赢，另外5个观众5000元买鹰队赢，两边加在一起就有22000元，作为支持两个队业绩PK结果的预设金。最后，企业额外拿出来10000元用作奖励。如此，两个队做PK，合计获胜方会收三笔PK金，共计3.2万元。

如果本阶段的PK结果出来之后是狼队赢，那3.2万元奖励给狼队，支持狼队的人会分走10000元，剩余的奖金分给获胜的狼队组员，可以按照业绩占比分，也可以平均分配。用PK金激发团队动力，两两PK，团组的潜能和动力会被彻底激发出来。不过要注意的是，PK全程需要第三方进行监督把控，以保证PK的有效性，并进行公开激励。

采用PK式激励法有以下几个注意事项：

（1）营造PK的仪式感和氛围，可以制作宣传标语、视觉化内容，如将PK冠军的照片、事迹等做成PPT在公司宣导。

（2）PK结束后要及时复盘，对于获胜的一方要进行持续复制和标准化管理，将PK式激励法在公司内部推广。

（3）把PK内容落实到纸上，如同签订目标责任书一样，要签订PK挑战书。

（4）PK虽然需要一定的PK金，但不能过度，要让员工可接受又有诱惑力；也可以用其他非现金的奖励，如带薪假期、旅游、学习机会等来代替PK金。

（5）让没有利益关系的第三方来担当PK组监督人。

28. 对赌式激励法

对赌式激励法是指员工或企业分别拿出一部分钱设定一个目标，完成目标之后，员工一方获胜，员工拿钱；没有完成目标，员工输，之前拿出的钱归企业所有，用作日常支出。

对赌激励能够让"老板和员工的战争"变成"员工和业绩的战争""员工和员工的竞争",当员工认为自己的利益可以靠自己争取到,自己努力不是为了老板时,他们的积极性立马就提高了。

【案例】

一家服装企业拥有几千名员工,但业绩并不好,属于那种不温不火的类型。后来采用了对赌机制,由管理层提议,让员工与企业签"对赌协议"。协议规定各部门设立任务目标,部门主管和员工自掏一笔钱作为押金,如能完成指标,企业将以1∶2的比例发放双倍收益给员工;如不能完成,押金将归企业所有。第一次对赌只有200个员工参加,很多一线员工每人只掏了一两百元对赌金,结果对赌刚开始的第一个月就发生了变化,一个做女装的生产线,在一个月里产量提高了25%,变化之大,令人惊叹。对于员工而言,服装企业是计件工资制,过去一线工人平均月薪在3500元左右,而现在已经涨到月薪4100元,还不用加班。对于企业,员工积极性高了。原本9月份该交的货,现在7月份就赶出来了,半年增收5000万元,预计到年底业绩翻一番,比去年上升15%。而且,工资高于行业平均水平,员工就不想跳槽了,还省下了一笔招聘费。

所以,对于目标的完成,对赌式激励法也是一个不错的选择。具体怎么运用呢?

(1)确定参与对赌的对手。如果没有,可以内部随机产生,以双方都能接受的标准作为对赌筹码。除了现金筹码,还可以有其他物质奖励,如家电、手机、电脑等电子产品。

(2)设定对赌具体对象和金额。可以是团队内部个人与个人的对赌,或者是两个团队之间的对赌，也可以是个人与企业的对赌。

（3）设定对赌的目标和赔率等。对于超额完成的获胜一方，可以按照设定的奖励给予嘉奖，也可以由企业追加一些超预期奖金。现实当中就有不少企业选择利用对赌的方式激励员工勇创佳绩，当然首先需要企业在对赌的金额上进行设定，员工创造的利润越大，获得企业对赌的金额也越大。

（4）设定对赌期限。到了约定的对赌期限后双方一定要自觉结束对赌，落后的一方要做到愿赌服输。

（5）对赌的押金必须是多出来的奖金和奖品，这样才能达到预期的激励效果。总结起来，对赌实际上赌的不是钱，而是人性，是员工与员工之间的博弈，是企业和员工之间的较量，更是一种值得大家借鉴的生产经营手段，同时需要企业去不断构建更加完善的适合企业的对赌游戏。

这种对赌模式实际上是鼓励员工多劳多得，同时把自己的切身利益和企业收益捆绑，实现员工和企业共赢。

29. 福利式激励法

福利式激励法是指给予完成业绩或超额完成业绩的员工更多福利，例如旅游、学习、内部排名、特别优惠等。此外还可以通过员工积分管理，让优秀员工得到更丰富的激励，以释放其更大的潜力。

（1）福利式激励法可以提高员工士气与忠诚度。当一个人感受到被关心、被重视时，他会更加卖力地投入到工作中，并以积极乐观的态度面对各种挑战。通过提供具有竞争力且多样化的福利计划，企业不仅可以留住优秀人才，还能够吸引更多优秀人才加入团队。这样，企业就能够保持稳定的人员结构，并不断提升其整体竞争力。

（2）福利式激励法对于员工的个人发展和职业成长至关重要。一个愿意为员工提供良好福利待遇的企业，是一个真正关心员工未来的企业。企业通过提供培训机会、职业规划指导以及健康保障等福利措施，可以帮助员工不断学习和成长，并为他们创造更好的工作环境和机会。只有当每个员工都有机会实现自己的梦想和目标时，整个团队才能够迸发出无限活力。

（3）福利式激励法背后折射出来的是一种感恩情绪的表达。在这个充满竞争和压力的社会，很多人都在默默付出着自己最宝贵的时间和精力。他们为了企业的发展奉献了大量智慧，在默默支持着企业运营。因此，给予这些人适当且公平合理的福利待遇是企业感恩之情最真挚又直接的表达方式之一。

例如，某企业的高层领导为了感谢员工一年的辛勤工作，决定对员工进行福利激励以表示感谢。在进行福利激励的过程中，企业并没有采取"一刀切"的方式，而是用调查问卷的方式让员工填写自己目前最需要的东西。有的员工写了需要热水器，有的需要书架，有的急需换个好手机等，于是在年底企业大会上，完成业绩的优秀员工不仅得到了现金奖励，还得到了自己需要的福利奖励，每个员工都感到特别开心。

【案例】

西门子公司自1862年起给工人增加津贴补助；1872年实行养老金制，定期把年利润的一大部分提出来作为员工的福利和奖金，以及困难时的救济金；1873年缩短工作时间，改为9小时工作制；1888年配备了健康保险医生；1927年设立"成果奖金"，这一奖金被保留了下来，并对所有在西门子工作10年以上的员工授予此奖金。这一制度的建立在20年的时间里取得了良好的效果，员工把自己看成是公司永久性的成员，根本就不想跳槽，因为他们在公司工作的过程中看到了他们有保证的前途。而且公司还规定：在公司待的时间越长，养老金就会越多：工龄满30年的员工可按工资的2/3领取养老金。这个措施非常有现实意义，让很多到了退休年龄但身体仍很健康的员工愿意继续留在岗位上工作。他们除了领取退休金，还照样领取应得的全部工资。这样的福利制度，让每一个西门子公司的员工都紧紧地围绕公司，齐心协力地谋求发展。

一家优秀的企业，无论在哪个方面都一定有其不同寻常之处，那么，普通的企业如何设计实施福利式激励法呢？

（1）设计福利需要提前计算成本，例如占工资总额、销售额、盈利和行业平均数的比例，以便有效控制成本。

（2）在执行福利激励的同时，要定期开展员工调查和询问，了解他们对所设立福利项目的满意度和不同意见，有不妥当的地方及时进行调整。

（3）随时为员工提供有吸引力的福利措施，以适应不断变化的环境条件。不过要注意福利导向与直接报酬不能相抵触，不要因为给了福利而削减或砍掉薪酬，否则就很难起到激励作用。

30. 荣誉式激励法

荣誉是一种更加持久和有价值的动力，它不仅仅是一种奖励或赞美，更是一种精神力量，可以激发出人们内心深处的自豪感和责任感。当人们获得了某种荣誉后，会感到无比自豪和振奋，并会特别珍惜自己所得到的荣誉，以此为动力继续努力拼搏。尤其当团队成员共同努力、取得显著的成绩时，他们会感到彼此之间有着深厚的情感纽带。这种情感连接会使团队更加紧密地协作，并为了共同目标而努力奋斗。因此，荣誉式激励法也是一种在完成目标后同样激励作用的有效的激励手段。

【案例】

美国 IBM 公司设有"100%俱乐部"，每当有员工超额完成销售任务时，就会被批准成为该俱乐部的成员，他们以及他们的家人会被邀请出席隆重的集会。参加商业巨擘的聚会，毫无疑问是一种身份和荣誉的象征，而 IBM 公司的员工努力工作，就是希望有一天能够获此殊荣。同样的，某跨国药企也有类似的激励政策，设置了"120俱乐部"，年度目标达到120%以上的员工自动入选，一些非常努力但因不可抗力没有达到120%的优秀员工，公司允许大区经理有特别推荐权，每年度可以推荐1名。这样既鼓励了绩优员工，又凸显了公司对努力过程的重视，让大区经理也找到了权威的感觉，可以说是三赢。

高明的管理者知道员工需要激励，但怎样激励是需要花费心思的。荣誉激励属于精神激励的一种，却能真正打动人心。

【案例】

作为晚清重臣的曾国藩带领湘军从太平天国手中夺回了岳州、武昌和汉阳，取得了建军以来最大的胜利。为了激励士兵，曾国藩向朝廷上疏犒赏士兵。思量再三，他认为不仅要给那些勇敢的士兵金钱奖励，还应该给他们一些值得炫耀的荣誉。于是他以个人名义派工匠锻造了50把精美的腰刀，决定赠送给有功将士。腰刀正中刻着"殄灭丑类，尽忠王事"，旁边写着"涤生曾国藩赠"，并且举行庆功大会为有突出贡献的将士颁发这款精美的腰刀。众将士们看着这项奖励涌起不同的感慨，有的为得到腰刀而欣喜，有的则心生羡慕，也希望自己在未来的战斗中奋勇杀敌，争取能得到这样一把"勇士腰刀"。

荣誉式激励往往不用花费太多金钱就能起到激励的效果。但在设计荣誉式激励时要注意以下几个方面：

（1）荣誉式激励的奖品内容不要泛化，要有较强的针对性，可以采用"最佳×××""最强××团队""销售业绩虎狼团队"等，这些奖励的设立要有唯一性，不可泛化和滥用。

（2）多开展一些与业绩不太相关的奖励活动，比如组织辩论赛、歌唱比赛、征文大奖赛等，使员工获取多种非业绩性荣誉，以增强员工的自我荣誉感，这也是提升员工业绩的好方法。

（3）制作荣誉证书。证书代表的是一种认可，也能成为激励员工的有效方法，让员工感受到被认可和受尊敬，比如××资格证书、××荣誉证书等。

（4）借助企业年鉴和荣誉墙激励员工。例如，在大厅里打造员工荣誉墙，将优秀员工的照片与事迹贴在墙上；连续四个季度"墙上有名"者将永久张贴，直到离职；编写《企业年鉴》放在走廊里或会客厅陈列，让人可以阅读；年鉴列出优秀员工的工作和生活照片以及事迹介绍；将年鉴做成精装本发给其中被介绍的优秀员工珍藏。

四、榜样激励：
团队中的"火车头效应"

31. 以身作则，管理者要以行动为准绳

在企业中，员工眼中的榜样就是管理者，管理者身正便可让员工不令而行，管理者身不正虽令而员工不从，员工往往是看管理者做了什么而不是说了什么。可见，员工就是管理者的一面镜子。如果管理者不能以身作则，那么员工对待工作也会不负责。因此，作为企业管理者，首先要以身作则。

当管理者想斥责员工时，先看看自己能不能做到，如果自己都做不到，又凭什么要求员工做到？员工模仿管理者的一切，模仿他们的习惯，模仿他们的工作方式、工作技巧，这是员工的本能。所以，作为管理者，首先要起到示范作用。

【案例】

美国国际农机商用公司的老板西洛斯·梅考克是一个坚持原则，并以身作则的人。他做事向来一丝不苟，并且赏罚分明。如果公司里有人违反了制度，造成了不可弥补的损失，他一定会毫不犹豫地予以处罚。但是在处罚前，西洛斯·梅考克总是会先去考察一番，看这个错误的直接原因到底是什么。很多时候，西洛斯·梅考克并不轻易处罚员工，他深知员工的疾苦，经常设身处地地为大家着想。

有一次，一名公司里的老员工上班迟到了，而且还是醉醺醺的。梅考克得知后十分重视，立即协同有关部门商议讨论，决定严肃处理，最终开除了这名不守制度的老员工。但是，万事皆有因，这位老员工的妻子刚刚过世，

留下两个尚未成年的孩子,其中一个孩子不慎摔断了腿,另一个孩子没有母亲照顾,每天哭闹。这位员工一时陷入痛苦,无法自拔,只能借酒浇愁,结果才醉酒迟到。

得知实际情况后,梅考克及时采取了补救措施。他当即掏出一大笔钱为这名员工解决生活困难,并马上废除了原来的开除命令,经过考察发现该员工的能力还是很不错的,遂将他升职为公司的主管。然而,梅考克的补救措施还不仅于此,他还当众向老员工道歉,对自己的行为表示深深的歉意,希望得到员工的谅解。梅考克的做法既保障了工人的生活,也赢得了公司其他员工的心,更在员工中间树立了良好的管理者形象,增强了团队的凝聚力,赢得了大家的称赞。

可见,管理者要树立起威望,不用天天给员工喊口号,只要自己能够以身作则,在潜移默化中员工自然会被感化。身教胜于言传,作为员工的模仿对象,管理者要发挥带头作用,并以此影响员工,激励其更好地工作。

32. 管理者有效率,员工才有执行力

管理者最头疼的就是员工缺乏执行力,工作效率低下,致使整体绩效和经济效益低下。所以,企业培训最喜欢给员工上执行力课程,期待通过教育员工,提升他们的工作热情、积极性,进而提高员工的执行力。

有些管理者经常感到自己的好想法不能实现,具体表现在:新的营销策略已经开会说明了,一到下面就走样;即便确实按照公司的指示去做了,但就是产生不了预期的结果;好多部门都签了目标责任书,但还是完不成任务;

员工都在忙，但就是不出成绩；一件小事吩咐下去几个月还解决不了，而且没有主动反馈，要等到自己过问才知道……

这种情况大部分管理者都认为是员工执行力差以及对待工作的态度问题，想到的解决办法是请培训部门做各种培训，但是改善效果并不明显。其实导致上述情况的原因往往是管理者本身工作效率就不高。而只有从管理者本身抓起，才可进一步要求下属高效。

【案例】

曾国藩之所以受到后人的推崇，是因为他把湘军带成了一支虎狼之师，充满了激情与战斗力。

曾国藩作为全军统帅严格自律，他说："鄙人近岁在军，不问战事之利钝，但课一己之勤惰。"他的带兵之道是，"身先足以率人，律己足以服人"。自己勤奋，下属岂敢懒惰！要求别人做的，自己首先做到，大家跟着这样的领导就会形成良好的团队精神。

管理者的高效体现在哪些地方，才能给下属起到榜样作用呢？

（1）分别对待事务型工作和思考型工作。事务型的工作需要有耐心、持续性地做，思考型的工作需要静下心来想，有了灵感再去着手进行。管理者要想提升自己的效率，需要在精力最旺盛的时候做思考型的工作，在精力不太旺盛的时候做事务型的工作。给员工布置任务时也应遵循这一原则。

（2）今日事今日毕。管理者要处理的事务繁杂，很容易出现今天的事拖到明天的情况，如果员工发现管理者有拖延的毛病，也会有样学样。所以，管理者要养成今日的事务不要拖到明天，这样严格要求自己的同时也有理由要求下属。

（3）要有工作计划。管理者要将工作分清轻重缓急，优先处理重要且紧急的事情，把不重要的事情交代给手下的人去做。一个能够有条不紊地工作的人，一定是有计划的人。

（4）做决定的时候不要优柔寡断。管理者能够干脆利索地做出决定，也有利于员工及时快速地接收指令，养成办事利落的习惯。

（5）要把需要执行的目标给员工讲清楚。管理者定一个明确的目标时往往只是口头协定效果较弱，但如果能够使用一些辅助工具，可能会取得更好的效果。如制作一些工作单，上面明确描述工作的内容、期望的结果、完成的时间、谁是主要负责人、谁是辅助人，大家签字生效。这样操作，员工感知到的不仅仅是清晰的方向，还有郑重的承诺，在执行的时候就会有积极的态度。

（6）执行时给员工提供方法。管理者虽然是下达命令的人，但要考虑到执行层如何落实。对于执行层来说，传授工具和方法远比传递思想更重要，励志培训不会带来多少业务增长，解决问题更多是靠方法而非热情；任何一个方法总有不足之处，执行中的反馈有助于使方法进一步完善。

33. 管理者信守承诺，敢于担责

《论语·为政》篇中有一句"人而无信，不知其可也"，管理也是如此，可见管理者一定要信守承诺，说到做到，只有这样才能得到他人尊重，进而起到榜样的作用。要知道，管理者每做出一次承诺，员工内心就产生了期望，如果承诺不如期兑现，员工不但会失落，还会不再相信管理者的承诺，更谈不上能够起到激励的作用。

例如，有一个公司的领导，为了激励员工，承诺如果年底业绩达到500万元，会给各部门发奖金。等到了年底，业绩不但达到了500万元，还超额完成了。大家翘首以盼等着领导兑现承诺，结果领导在员工大会上不但没有信守承诺，还向大家哭穷，说公司支出了多少成本，打点各个环节的人情费等，总之一句话，业绩虽然达到了，奖金却兑现不了。员工听完都敢怒不敢言，虽然当时表面上没什么，但过了年后大家就都没有积极性了，不再像去年一样拼命做业绩，作为领导也算自食恶果了。

所以，作为管理者，如果不能做到言行一致，便会失去其影响力，员工不但对其心生厌恶，严重的话还会导致人员流失。所以，管理者想要以身作则，让员工觉得自己是值得信赖和追随的人，就一定要做到以下几点：

（1）诺不轻许，言出必行。管理者一旦对员工做了承诺，无论兑现起来有多难，都必须践行，只有这样员工才能对管理者有好感，管理者也才能在员工面前树立威信。

（2）不要为了激励员工开空头支票。管理者在做承诺时要留有余地，不能大放豪言，把话说得太满，万一做不到等于自断后路。一家企业的管理者是否守信、是否说话算数，不仅关系到其个人的品质和威望，也关系到企业的形象与兴衰。

（3）要真诚不要虚伪。每一个人都能嗅出虚伪的成分，管理者如果虚假承诺、欺骗员工，那得到的后果必然是遭人唾弃，员工会有样学样，对工作敷衍塞责、能拖就拖。要知道，企业文化都是自上而下形成的，一旦定型，就很难改变。信用是企业生存和发展的法宝，是一个人人格的体现，一旦失去了，后果难以预测。

（4）信任源于做到。管理一个团队的难度远比追求业绩大得多，管理者可以靠一时的承诺去激发员工得到短期业绩，但真正把一个团队带得久远，让企业发展壮大，一定离不开管理者自身的人格魅力。如果向员工许下的诺言每次都能兑现，那么就很容易得到员工的信任，员工也会更加放心地追随管理者，去积极做出成绩。

34. 在团队中树立员工榜样

在一个企业中，总会有素质较高、业务技术能力和业绩优秀的典范人物。他们是集中体现企业主流文化、被企业推崇、被广大员工一致效仿的特殊员工，是企业发展建设中不可多得的主力军。

在美国有不少快餐店，由于这些快餐店的员工每天都要接触大量的顾客，所以他们每一分钟的表现几乎都会影响快餐店当天的业绩，这意味着要想使快餐店保持好的业绩，快餐店的管理者就要激励员工时刻关注自己的业务水平。在这种情况下，树立"榜样式的优秀员工"无疑是一种对其他人非常有效的激励方法。

树立好的榜样的方法很多，比如日榜、周榜、月榜、季榜、年榜，或设立单项榜样奖或创新奖等。

企业要通过定期分享成功案例和推举优秀员工来激励其他员工。很多人离职或工作不积极，看不到工作的价值，大多数是因为在团队中学不到东西，感受不到被激励而选择离开。因此，不断收集案例，树立标杆，为员工树立榜样，员工的积极性就会被逐渐激发出来。

【案例】

海尔是一家以服务、质量著称的制造型企业。张瑞敏为了抓好企业生存的质量关，用流水线普通工人的名字命名了一些工具和操作方法，如"启明焊枪""云燕镜子""召银扳手"等。这种做法，为生产工人树立了榜样，激发了员工的工作责任心和创造力。正如张瑞敏所说：工人的干劲更高了，责任心更强了，产品的优质率提高了。

所以，在企业管理中，可以挑出一些表现优异的员工作为榜样，给予其足够高的奖励，这样既可以激发其更高的表现欲，也会让那些没有得到奖励的员工受到刺激，促使他们向榜样靠拢。

在树立榜样人物的时候，有以下几点注意事项：

（1）榜样不是神话，一定是员工身边资质差不多的人，他们稍微努力也是可以达到的级别。如果榜样定得太高，就无法对员工起到真正的激励作用。

（2）不要为了激励而虚假宣传，榜样人物必须是真正做出了成绩，而不是管理者杜撰出来的。真实的东西最有力量，如果榜样不真实，比没有榜样还要坏得多。

（3）引导员工正确看待榜样，学其所长避其所短，不能太过抬高榜样人物而给其他员工带来压力，既要防止机械式的学习、形式主义的模仿，又要防止因榜样有某些不足之处就否定榜样。

35. 给榜样人物的奖励要有仪式感

优秀的人得到更好的福利待遇，才能让其他人看到后心生羡慕从而生起向其学习之心。所以，树立了榜样人物以后，还要对他们进行一定的奖励。但这个奖励不要默默无闻地进行，更不能简单地给奖金了事，而是要举办一个奖励仪式来让更多的人看到。例如，有一个公司每次在员工大会上表彰优秀员工的时候，都是发现金奖励，现场领奖的氛围被推到高潮，使在场的人都能受到感染。

美国经济学家凡勃伦说过，某种商品的存在不仅应该满足人们物质方面的需求，也应该满足人们心理上的需求。有仪式感的奖励满足的正是员工的心理需求。

【案例】

麦当劳公司每年都要在最繁忙的季节进行全明星大赛。首先，每个店要选出自己店中的第一名，每个店的第一名再参加区域比赛，区域中的第一名再参加公司的比赛。整个比赛都是严格按照麦当劳每个岗位的工作程序来评定的，公司里最资深的管理层成员作为裁判，他们公正严明，代表整个公司对比赛进行评估。竞赛期间，员工们都是早到晚走，积极训练，因为如果能够通过全明星大赛脱颖而出，那么他的个人成长将会有一个基本的保障，同时也能为他今后职业发展奠定基础。到颁奖那一天，公司中重量级的人物都要参加颁奖大会，很多员工在得到奖励后，都非常激动，其实奖金也就相当于一个月的工资，但由此而获得的荣誉却非常大。

这就是一种对榜样人物的奖励设置的仪式感，让员工发自内心地感受到喜悦和满足，从而对其产生一定的激励作用。

所以，对于管理者来说，在对员工奖励时，一定要设计一个隆重的仪式，这比奖金更有激励效果。

不过在进行有仪式感的奖励时，要注意度，过犹不及，不要一味地给优秀员工戴光环，而让别的员工心理上产生不愉快，那样非但起不到激励效果，还会让一部分员工心理不平衡。

五、参与激励：
激发员工的主人翁意识

36. 让员工参与决策

与之前70后、80后职场员工所强调的"奋斗、隐忍、坚持"不同,新的90后、00后职场伙伴更强调"自我感受、氛围,以及参与感"。美国企业家玛丽·凯·阿什在谈到企业管理时说过一句话:"每个人都会支持他参与创造的事物。"只有员工参与了企业的决策和管理,才能对企业产生最大的认同感和很高的满意度,也才能最大限度地激发自己的工作热情,这样企业才有可能真正实现利润最大化的目标。稻盛和夫也说过,在企业中,每个人都可以发表自己的意见,为企业经营出谋献策,并参与制订经营计划。

企业管理者不应该搞"一言堂",尤其是对接触用户的基层员工,他们更知道用户的所思所想,当工作越来越复杂的时候,让他们参与决策,得出的结论和方案更符合实际,同时也能激发员工的主人翁意识。

管理者作为决策者,通常都是经验丰富、能力出众的,但智者千虑,必有一失,再精明的管理者也不可能了解到方方面面的信息。决策仅凭管理者的主观判断,只从自身出发,难免因信息源狭隘而产生偏差。不同意见多来自决策层之外,员工的不同意见是决策者获取全面信息的重要渠道之一。决策者了解的信息越充分越全面,就越能避免决策失误。

在企业管理中,如果管理者能够让员工参与到企业的日常事务中,与企业的高层领导研究和讨论企业的重大问题,那么这种处于同等地位的感觉,就会让员工因感受到被上级领导重视而产生强烈的责任感,进而更加全心全意地为企业工作。

【案例】

某公司采用权威式的管理方式，管理者制定了许多硬性的规章制度，有了任何问题都要逐层向上反映问题，最高位的管理者很难听到基层员工的心声和意见。由此造成的问题是，员工离职率高、产品退货率高、客户投诉率高。后来该公司聘请了企业顾问，帮助设计了"全员参与"的激励策略，建立了新的管理制度，还特意开辟了一个"意见信箱"，员工有任何抱怨和不满都可以给意见信箱写信，可以署名也可匿名。管理者每周都会开启一次意见信箱，认真对待每一位员工提出的意见和建议，并给予积极处理。虽然最初的效果不太好，没有员工敢署名，但大约过了半年，员工发现自己提的意见被管理者采纳并真正落实了，公司当初说的让全员都参与决策和提意见是真的，于是大家有了问题都开始积极反映，最终这一方法获得了良好的效果，员工的积极性也得到了极大的提升。

在实施员工参与决策方面，要注意哪些问题呢？

（1）建立畅通的提建议渠道。既然要让员工参与决策，企业就要鼓励有关人员各抒己见，任何人都可以提建议，且保证不会被"穿小鞋"，采取多种方式、多种渠道让员工最大限度地参与。

（2）比较和选择不同的意见。人们所提的意见出发点不同，站的角度和看问题的方法也不同，因此，管理者在决策时虚心听取员工意见的同时，也要学会甄别意见，要不受资历和亲疏远近的影响，只要是对公司发展有益的意见就要采纳，否则就不采纳。

（3）相信基层员工。无论管理者是否觉得有必要，但请谨记一句话，"让听得见炮声的人指挥战斗"。公司里谁接触客户，谁就能发现问题，管理者要听取这类员工的意见，不能凭主观臆想做脱离事实的决策。

37. 消除"自上而下"的监管体系

在大部分企业里，不是员工不愿意参与，而是管理者拥有绝对的权威，导致员工不愿意或不敢参与。所以，要想对员工实行"参与激励"，就必须消除"自上而下"绝对权威的管理模式。

管理者首先要有一种认知，那就是"人人都有想把事情干好的意愿和初心"，只有相信员工能做好自己的工作，才可能在行动上支持他们。同时，管理者不能有居高临下的"审查"态度，而是要平等地与他们交流，获取信任，因为只有他们说出真实想法，你才能了解到真正的问题所在。

【案例】

有一家工厂，为了培养职工的主人翁意识和责任感，实行了一种独特的管理制度——每周让职工轮流当"一日厂长"。每周三，担任"一日厂长"的职工上午9:00上班，进入角色，听取各部门的简短汇报。然后，根据各主管部门汇报反映的问题，由真正的厂长提议先集中解决一两件事。带着问题，"一日厂长"陪同厂长到各部门、各车间去巡视工作情况。在这一天，"一日厂长"拥有处理公文的权利，下班前要作详细的厂长值班日记，并对当天碰到的一两桩较重大的问题提出处理意见，进而传阅至全体员工。这样，这位职工就超脱出平日自己岗位的狭隘领域，大大拓宽了视野，增强了全局意识，激发出了自我潜能。

凡是过于控制员工的领导，大部分都不相信员工具有参与决策的能力，往往会为员工制定出一大堆不必要的制度，这些制度对绩效形成极大浪费的同时，也导致管理者过分依赖制度，员工也因为没有自主权而痛恨制度，提不起工作的热情。

所以，如果企业能够重视员工，激发员工的创造力，给予他们更多的支持，那么员工就能更好地服务客户，为企业创造更大的收益。上场参加足球比赛的不是俱乐部董事长和教练，而是球员，是球员决定了比赛的胜负。同样，企业是由员工来服务客户的，员工决定着企业的绩效，员工的状态才是企业的真实状态。企业没有"自上而下"绝对权威的监管体系，而是为员工打造了宽松的工作氛围，员工说想说的话，不用在意会得罪谁，不用担心谁会排挤他，更不用担心因为说了真话而丢掉饭碗，这样他们才会真正参与到公司的事务中来。

38. 游戏化激励点燃员工活力

现在如果问一个人在什么时候最专注，答案可能是，玩游戏的时候。游戏不仅仅是一种供人娱乐放松的手段，关键的还在于它促进了人体多巴胺的分泌，在人的大脑中传递出兴奋和开心的讯息，驱使着人们主动参与、全情投入、不知疲倦，甚至忘记了时间。而要想员工对待工作也有玩游戏般的那种热情，就也要从"好玩"出发，将游戏化思维融入管理机制，激发员工的主动性和专注性。

【案例】

　　58同城员工接近两万名，并且新生代员工占了员工总数的将近70%，针对如此庞大的新生代员工，公司设计了游戏化激励方式。首先，把员工手册命名为《阳光心法》，里面不但有游戏化的语言还有穿着武侠服饰的配图，视觉化的设计让员工"秒懂"。其次，为了让新员工的价值观能尽快匹配公司的价值观，58同城还设计了游戏化升级。例如将主动协作定义为对别人提出的要求可以及时明确地给予反馈，修炼难度一颗星，特别指南为不默默无视，不含糊其词。随着"秘籍"修炼难度的增大，修炼内容也随之升级，如"能够积极参加相关部门事务的讨论，同时不是随便地吐槽，而是能够给组织提出来积极的、有建设性的意见"，难度两颗星，以此类推。如此极大地推动了员工参与的热情，也使企业文化很好地实现了落地。

　　用游戏化去激励员工的参与意识，并不是为了娱乐，而是要让员工真正爱上工作，在企业内部展开更加自由民主的互动社交，增强员工的参与感，激发他们的工作内驱力。

　　在互联网+时代下，员工更喜欢有趣的工作，希望参与管理，希望得到认可，希望有透明简化的环境以及情感表达等。例如，星巴克等运用游戏化的思维让员工对工作像对游戏般上了瘾，万豪国际酒店运用游戏面试员工，优步（Uber）为了解决司机学习城市周边最佳路线的问题，推出了一款免费移动游戏，等等，这些企业都引入了游戏化思维，改变了以往枯燥、压抑的工作氛围，增加了工作的趣味性，调动了员工的参与感，取得了非常好的效果。

　　总的来说，企业实行游戏化激励要进行以下设计：

　　（1）分析挑战。新人加入企业的挑战主要有团队融入、文化融入、环境熟悉、业务理解等这样几个。

（2）内容填充。基于挑战要拆解对应员工需要学习的内容。在不同阶段，设计不同的承载形式。

（3）关注成本。进行游戏化激励也需要关注开发成本、运营成本和迭代成本，如果成本过高，那这样的激励持续性一定不会好，很有可能是昙花一现，故而要把好成本关。

39. 管理者管得少，员工才能参与得多

对于许多企业的管理者来说，管理已经成为一件繁重的劳动。企业规模的扩大、业务量的激增让管理者的工作压力不断加大，工作也越来越繁忙，例如他们不得不加班处理堆积如山的文件，他们没有时间思考"战略"与"创造性"问题，更没有时间陪妻子购物、伴孩子玩乐……同时他们也在抱怨员工就像发条，拨一拨才转。事实上，只有管理者管得少，员工才能参与得多。如果管理者像一张大网，无处不在，员工就是想要参与也没有机会。

【案例】

有一位管理者，在最初管理员工的时候，看到他们做出一些糟糕的工作就忍不住想要指出来，纠正他们，有时甚至发脾气，开除员工。当他这样强力干预后，员工是有了一定的改变。于是，他就越发雷厉风行、雷霆手段。而员工则因一时的惧怕表现得短期内特别积极，时间一长，他们就变得越来越麻木，呈现的状态是你让我干什么，我就干什么。你只要发通知我就干，但是你如果没有要求，对不起，我的脑子是不会多转的，因为多动脑子风险很大。久而久之造成了员工懒散、人人自危、相互推卸责任的工作作风，企

业发展自然是一塌糊涂。眼见着这样下去不行，这位管理者及时醒悟，采取了授权的模式，他将企业的目标分解，设定了一套完整的流程，同时把员工按照能力分成不同的组，让每个人都负责一个环节，果然所有员工的工作能力和干劲儿都被激发出来了。这个管理者的担子变轻了，企业业绩也比之前提高了一大截。

可见，如果管理者事必躬亲，事事插手，只会累坏自己。只相信自己，对员工不放心，甚至经常凭着自己的想法干预员工的工作，是许多管理者的通病。问题是，这会形成一个怪圈：上司喜欢从头管到尾，越管越事必躬亲、独断专行、疑神疑鬼；同时，员工越来越束手束脚，养成依赖、封闭的习惯，把主动性和创造性丢得一干二净。如果离开了管理者，企业或团队就不能正常运转，这是非常危险的现象，这是管理者没有尽到责任的表现，并不是他尽力而为的体现。

作为一名企业的管理者，企业就如同自己的子女，让它长大成人、独立是管理者的本事和责任。如果离开管理者它就"哇哇大哭"，一事无成，则是管理者的失职。

授权是海底捞企业文化的一大亮点，海底捞常常因为"服务员看顾客喜欢吃西瓜便赠送西瓜""服务员听顾客说想吃酱菜就特意买酱菜"等趣闻上热搜，这足以体现海底捞对员工的放权行为。这种行为从某种程度上来说给了员工一种作为主人翁的自豪感，即海底捞的服务员有权给任何一桌客人免单。对了，是服务员不是经理，是免单也不是免一两个菜品。所以，业界才有了"海底捞你学不会"这样的感叹。

所以，对员工的参与激励是放手，而不是管理者事必躬亲，这样才能锻炼员工的做事能力。

40. 不同类型员工，不同授权

如果管理者不授权，员工怎么能放开手脚去干呢？在授权方面，要根据不同类型的员工进行不同的授权。企业员工可以用 DISC 行为特质，分为四种类型。DISC 理论是 1928 年美国的威廉·莫尔顿·马斯顿博士在其所著的《常人之情绪》一书中提出的。DISC 有两个维度，第一维度是"任务—人际"维度，第二维度是"直接—间接"维度。维度一是看一个人是关注事还是关注人。如果一个人是关注事的，以任务为导向，那么他谈的大部分是与事情有关的，表情会比较严肃；如果他关注的是人，以人际为导向，那么他会比较愿意分享和沟通。通过这两个维度，就会形成四个象限，分别是直接/关注事—支配型 D、直接/关注人—影响型 I、间接/关注人—支持型 S、间接/关注事—遵从型 C，具体如图 5-1 所示。

图5-1 DISC理论模型

D 支配型也叫指挥者，这类型的员工的特点是关注事，注重目标，行动快，反应迅速，他们属于急脾气，善于掌控局面。对于这类员工，适合授权给他们一些重要且紧急的事情。指挥者类型的人，能力卓越，管理者可以尽管放手让他们完成工作。但同时，因为这类人具有很强的能力，所以他们往往自视较高，甚至近于自负。聪明的管理者应给予这种人充分发挥的余地和空间，让他们感到被重视，能实现自我价值。故而，向这种类型的员工授权时，任务应与他们的才能相适应，要具有挑战性，有较大的决策权和相应的责任，例如组织一次展销会、拟订一个大型的公关宣传活动计划等，对这类员工会非常具有吸引力。

I 影响型人说话语速快，表情夸张，情绪波动大，来去如风，肢体语言丰富，喜欢标新立异，爱表现，追求与众不同。但他们做事快速不拖拉，有很强的影响力，能带动和感染气氛。这样的员工一般能力较强，有一定的决策力，但需要不时给予支持和鼓励。对他们授权应重视鼓励、表扬和期待力量，如果让他们带团队，往往能够用他们一个人的魅力感染整个团队的气氛。给他们安排的工作应该具有一定的挑战性，需要一定的经验才能出色地完成，并且是可以在很多人面前出风头的。同时要对他们强调完成工作的时限和管理者对工作的预期，最好是帮助他们构建一个完成任务的流程——尤其是复杂或需要有序处理的任务，避免出现虎头蛇尾的情况。

S 支持型人的特征是说话语速慢，爱铺垫，啰唆，性格上多逆来顺受，关注别人依赖团队，具有较强的合作能力，抗压能力较弱，创新能力不足。在与人协调方面有耐心，更愿意倾听。这类型的人在每个公司所占比重都比较大，管理者也需要发掘这批人，给他们机会，让他们积极参与公司事务。对支持型的员工授权，首先，需要从初级做起，可以把"一定要授权的工作"交给他们去做，支持型的员工常常能有条不紊地完成，并能从中得到训练和提高。其次，对他们授权时要注意，缺乏经验不等于缺乏能力，管理者应该帮助他们树立信心，指导他们并对他们的行为做出适时的反应。最后，对他们授权时，管理者要一步步阐释需求，最好有书面记录，定期跟进处理问题，明确可以用来完成工作的资源，必要时帮他们获得其他人的帮助。

C遵从型也叫思考者，他们的最大特征是善于思考规划，习惯用逻辑表达，如"因为……所以"，对人对事爱憎分明，情绪波动不大，比较冷静，重视规则和逻辑，对事情力求完美，高标准、严要求，善于研究和分析。首先，对这类型员工的授权要有大局观，可以让其参与公司战略发展方面的事务，因为他们不冲动，做事讲求逻辑，看得也更远。其次，对这类员工的授权要合理、明确地描述预期，包括质量标准，解释任务背后的原因及其对大局的影响，明确最后期限。

总之，作为管理者对不同类型的员工要仔细观察，认真辨别，然后采用对应的授权方式授权，这样才能最大化激励员工。

六、精神激励：
不花钱也能激励团队

41. 运用"夸奖"激励员工

《增广贤文》中有句话,"良言一句三冬暖,恶语伤人六月寒。"人人都喜欢听好听的,不喜欢被批评或责备。对于员工的精神激励,离不开正确的夸奖。好好说话,善言良语,不花钱都能起到激励团队的作用。

人都喜欢听好听的话,听到夸奖都会感到开心和暖心,这是一种受尊重的需要和自我实现的需要,当然也是人之常情。管理者如果能把这种夸人的精神激励运用到职场中,也是一种很好的激励手段。

员工如果不是因为薪酬离开公司,通常是因为与上级相处得不好。如何改善这种情况呢?管理者要善于发现员工的闪光点,通过语言的赞美来改善与其的关系,营造团队氛围,让员工开开心心地工作。

【案例】

某公司管理者在发节日奖金的时候,为避免给人以施舍的印象,他会走到每个人的前面,连最普通的清洁工也不漏掉,然后握住他们的手,真诚地说:"如果没有你的话,我们的公司不可能运转得这么顺畅,谢谢你的付出。"这句话,让听到的每个人都感到心中温暖如春,油然而生一种责任感和敬业感。

懂得夸员工的管理者深知,唯有管理者与员工的关系和谐,才能提升工作效率。

那么，如何正确地"夸"呢？

（1）出自管理者的夸赞最有效果。如果管理者在员工意想不到的时候对员工表示赞赏，那么这种夸赞的效果就会被放大。

（2）夸员工的稀缺性，而不是泛泛地赞美。比如一张手写的纸条好过一封邮件，而写邮件又胜过口头夸赞。

（3）单纯去夸，不要用"但是"来夹带批评，又表扬又批评，对方只会记住批评而记不住表扬，无法达到夸奖的目的。

（4）公开夸奖的时候，不能表扬了一个人却打击了一大片。这种情况下，被夸的员工不但不领情，还会觉得自己被表扬是不光彩的事，反而起到消极的作用。

（5）随时随地夸奖。看到员工做得对，就不要吝啬夸奖。管理者不要总是板着面孔，端着架子，哪里有辛苦劳作的员工，就要到哪里去看看，哪怕是拍拍他们的肩，问候一声，对员工来说都是一种精神上的激励。

42. 给员工当教练，有距离有关系

有句话讲得好，"距离产生美"。因此，管理者与员工可以拉近关系，但又不能走得太近，否则会带来很多不必要的麻烦。如和一些员工走得太近，就会拉开与另一些员工的距离，容易影响内部和谐。或者长时间和员工走得太近，也可能会泄露自己的隐私，容易受制于人。最好的一种关系是，管理者像员工的教练，二者之间既有一定的和谐关系，又有距离感，同时不乏威严感。

那么如何才能以教练的身份对待员工，并与员工保持良好的关系和恰当

的距离呢？

（1）找到与员工相近的价值观和共同点。这个说起来容易做起来难。在职场，通过"我们之间有哪些共同点"这个问题，可以找出团队成员大量的共性，接着就能催生团队成员的集体感。

（2）像尊重客户那样尊重员工。管理者把员工当成"顾客"，这样才能尊重员工，才能让员工满意。海底捞出台的所有政策都指向一点，就是把员工当顾客，先让员工满意，员工才能让顾客满意。

（3）建立和谐民主的工作氛围。和谐的工作要求采用双方都能接受的方式处理问题、交流看法并明确各自的职责，团队中每一个人的角色都是不可替代的，各自更关心的是荣誉而不是权力，更关心的是责任而不是地位，更注重互补性而不是彼此的差异。

要想成为教练型管理者，平时就一定要向更优秀的人学习，要多提升自己的领导水平。要想成为称职的管理者，首先，就要敢于管理，勇于对自己所管理的团队的成功和失败负责。其次，要想想在自己职业的生涯中培养出几位出类拔萃的员工，自己身上的领导力有多少传承给了员工；反思自己在管理员工方面的闪失和不足。

43. 让员工不断成长

管理者的责任不是让员工喜欢，而是逼迫员工成长，让员工获得更多的认可、更高的收入、更好的生活。员工能够不断成长，才能收获精神和物质上双重的愉悦体验。一个人的盼望若迟迟不能实现，他就会心生忧患，长此以往，就不会有健康的生命状态；如果所盼望的能够及时兑现，他就会像一棵有蓬勃生命力的树，会生生不息地发展和成长。这个道理用在职业发展上，再适合不过了。每一名员工都渴望能够不断成长，如果企业不能为员工提供成长的空间，那么就会造成员工的流失；反过来也是如此，如果组织在不断发展，而员工个人却没有进步，那他同样也会面临被企业淘汰的命运。

【案例】

星巴克一直因为会用人而被誉为全球最佳雇主。在业界，星巴克并不是薪酬最高的企业，其30%的薪酬是由奖金、福利和股票期权构成的，中国的星巴克虽然没有股票期权这一部分，但其管理的精神仍然是——关注员工的成长。中国星巴克有"自选式"的福利，让员工根据自身需求和家庭状况自由搭配薪酬结构，有旅游、交通、子女教育、进修、出国交流等福利和补贴，甚至还根据员工的不同状况给予补助，真正体现了人性化管理，大大增强了员工与企业同呼吸共命运的决心。

让员工不断成长不是口头说说而已，需要切实可行的方法：

（1）每个员工都有长项和短板，管理者要根据他们的特点来为其匹配合适的岗位，这样容易促进员工发挥所长，不断成长。匹配完岗位以后，还要给他们安排更多的培训和学习机会，帮助他们不断提升技能和专业知识。另外，还要鼓励员工参与行业交流活动，并与其他同事或相关部门分享经验。在每次评估后，要按照员工的好恶和优缺点为他们派发新的任务。在这些互动过程中，不断积累的培训、测试，甚至换岗经历，会把员工导入更适合的岗位。

（2）授人以渔，而不是授人以鱼。与其对员工进行微观管理，不如多对他们加强训练和测试。向员工提出想法，让他们自己做决定，而不是主导他们做决定。另外，管理者要与他们求取共识，考察他们怎样做事，以及为何这样做。

（3）合理安排任务。管理者不要看到员工能干就希望他能承担更多的责任，这样做会让员工没有更多的时间学习新技能，一直忙着做工作。因此，管理者要合理安排工作任务，确保自己没有因为某个员工能力强就把所有困难的任务都交给他。此外，管理者所分配的任务，要能让员工充分发挥能力和获得成长。

（4）指导和帮助员工。无论是表现好的还是表现不好的员工，他们都需要一个导师。在良师益友的帮助下，优秀员工可以提升到更高一个层次，能力一般的员工可以在明确的指导下跟上进度。对于导师的安排，管理者可以指定，也可以通过项目指定，哪种方式好取决于企业的需求和员工的特性。

44. 员工不怕犯错才能创新

企业中不缺少按部就班的员工，但缺少创新的员工，究其原因是员工害怕犯错，做得多错得多，受到的批评和惩罚也就多。因此，管理者要注意自己的管理方法，要让员工不怕犯错，敢于放开手脚去干，激发出其创新意识。

在企业中，员工各有所长，多在意员工的优点和才能，少在意短板，能让员工做得更好。就像诺贝尔化学奖获得者瓦拉赫提出的：学生的智能发展都是不均衡的，都有智能的强点和弱点，他们一旦找到自己智能的最佳点，使智能潜力得到充分发挥，便可取得惊人的成绩。这一现象被称为"瓦拉赫效应"。对员工进行精神激励，要鼓励员工去不断创新，而不是强调他在工作中不要犯错误。

为了鼓励创新，谷歌曾允许工程师用"20%的时间"开发他们自己感兴趣的项目；早在2012年，苹果就推出了"蓝天计划"，某些苹果员工可以最多花费两周时间研发自己感兴趣的工程项目。Facebook的创新氛围非常浓厚，不仅拥有专门的移动设计智囊团，员工们还经常有规律地"角色互换"，工程师、管理层和其他团队经常变换工位，从而更好地进行讨论和激发创意。所以，给予员工最好的精神激励就是让他们敢于创新，不怕犯错。

【案例】

在腾讯，管理者不会严格规定员工应该做什么，不该做什么，需要做什么，不要做什么。而是给大家设定一个模糊的目标，提示一个大概的方向，让大家想尽办法去达到。比如，有的管理者会说，我们今年一定要有一个很好的产品创意。至于在实现目标的过程中，员工具体会使用什么样的策略，或者采取什么样的方式，并没有过多限定，管理者也不会干预，每个人都会有足够大的空间自由发挥。但这并不代表管理者就无所事事了，他们的关注点会集中在每一个时间段的变化上，判断项目是否在朝着目标迈进。正是因为给了员工足够大的自由发挥的空间，才能让员工有自主意识去做得更好。值得一提的是，在腾讯，不论管理者还是员工，对于犯错，只要不是特别重大或原则性的错误，都是非常包容的，不会因为一个错误而去否定一个人。因为他们知道，任何人都会犯错，但只要从中吸取哪怕是一段代码的教训，让自己成长，那么这个错误就是能够被接受的。

在当下，越来越多的企业意识到这样一个事实：不管什么企业，规模多大，多有名气，或有多大的市场份额，都不能再依赖过去成功的经验生存，持续的成功需要持续变化的竞争优势和创新。

那么，如何才能让员工放心大胆地创新而不害怕犯错呢？需要做到以下几点：

（1）对所做的事情不用规定限制。告诉员工做什么，别规定怎么做，鼓励员工定义自己的工作角色，独立解决问题，让员工承担责任并对结果负责。

（2）鼓励员工各抒己见。创新离不开头脑风暴，所以需要员工敢于表达自己的观点，管理者要听取员工的意见，让员工参与到决策制定的过程中，制定出切合实际且以工作为核心的策略；与员工分享任务背景并基于此提供任务之间的关系，预见障碍以保证发展，让员工拥有更广阔的企业发展视野，增强其驱动力。

（3）允许员工质疑企业的不完美。任何一个企业都会有不尽如人意的地方，鼓励员工质疑企业的不完美，承认员工的贡献并表达感谢。让员工的思维模式不单停留在"工作就是为赚钱"上，而是为了实现共同的发展愿景而努力。员工不怕犯错，能够在被允许和授权的范围内做自己负责任的事情，久而久之才能拥有领导意识和自主能力，由此才能激发出员工与企业同甘共苦、同发展的决心。

45. 给员工创造归属感

管理者常常抱怨，人才不好招，招来了也不努力工作；员工忠诚度不高，频繁跳槽。但其实企业留不住人的背后是员工无法找到归属感。

员工有了归属感，就会对企业产生高度的信任，把企业的事业当成自己的终身事业,表现出较强的奉献精神,这种信任和奉献不仅有利于提高企业绩效,更会让所有阻碍企业发展的困难黯然失色。

归属感和团队价值是和金钱关系不大的一种"我属于这个团队、我愿意与这个团队一起奋斗"的意识觉悟。

一旦员工对企业产生了"依恋心""归属感",就会撂不下手中的工作,离不开合作的团队,舍不得未完的事业。如果员工对企业不信任、缺乏对团队的归属感,他们就不可能以工作为傲,也必然缺乏工作的热情,只是为"工作"而工作,只会"做完"工作而不是"完成"工作。久而久之,企业就会出现人员流动性大,企业发展不稳,无法长久发展的局面。

【案例】

某餐饮企业有新员工加入的时候,为了让员工尽快适应环境找到归属感,会给新员工一些力所能及的帮助。通常,他们会问新员工三句话,分别是:你适应吗?这几天你学到了什么?有什么我能帮助你的吗?管理者担心新员工进入餐厅后会面临工作压力大和环境陌生等问题,所以,即使是在试用期间,新员工上班的时间长短都可以由自己决定,可以是全天,也可以是12个小时,甚至可以是一会儿。如果员工能顺利度过试用期,则其试用期间全部按照全天出勤支付工资。此种打破常规的做法,一来让新员工慢慢适应了餐厅的工作,二来让员工拥有了自主选择权,无形中增强了他们的归属感。

那么,如何做才能让员工找到归属感呢?

(1)让员工对企业产生自豪与认同。一个企业好不好,看员工怎么对外介绍自己所在的企业,如果他十分愿意对朋友或家人介绍自己所在的企业,那么说明这家企业让员工信赖并认同。如果员工羞于向别人提起自己所在的企业，那么企业在某些方面肯定有所欠缺。针对此可以对员工进行一次问卷调查，问问员工对企业哪些方面满意，哪些方面不满意，好的方面企业继续保持，真的不好的地方企业改进。

（2）让员工在工作中感到快乐。繁重的工作、疲于应付的人际关系等，都会让员工感到不快乐。一个让人有归属感的企业，必定是让员工感到快乐的企业。企业致力于追求多元化和包容性，就会让员工感到舒适，从社会的角度讲，员工很愿意成为其中的一员。

（3）重视员工。当员工感受到企业对自己的重视时，归属感就会油然而生，懒散与怠惰便会荡然无存。

46. 为员工提供学习的机会

这是一个瞬息万变的时代，也是一个不进则退的时代。无论个人还是组织，不学习就会跟不上时代的进步与发展。员工想要晋升离不开学习，而能够给员工提供学习机会的企业，也会给员工带来精神激励。

丰田公司前总裁石田退三曾经说过："世事在于人，人要陆续培育，一代一代接续下去，任何工作、任何事业要想大力发展就得给他打下坚实的基础，而最紧要的一条就是造就人才。"经过培训的人才是企业航母顺利前进的不竭动力。员工的成长70%在工作中学习获得，20%从经理、同事那里获取，10%从专业的培训中获取。所以，为员工提供学习的机会，才能让员工获得持续成长。

【案例】

微软公司一向以"传、帮、带"的导师培训制度，打磨具有"微软风格"的人，它给员工提供了很多学习的机会。例如某计算机毕业生在2010年进了微软中国公司全球技术服务部工作，就他的切身感受来说，微软是将导师制看作一个长期的项目来执行的。对于刚进微软的员工，公司都会分配给他/她两个导师，一个带新员工熟悉部门情况，了解日常工作流程；另一个致力于帮助他/她在专业技术能力和知识方面提高。另外，微软公司允许员工通过公司的内部通读系统在全球范围内寻找适合自己的导师。在微软虽然担任导师没有额外的物质奖励，但由于这是微软文化的一部分，因此老员工都特别乐意担任别人的导师。有过导师经历的员工也能够作为工作业绩之一，在升职等考核中被纳入评估体系。微软的导师制传帮带文化，既是为员工提供学习的机会和通道，也是公司培养新员工和公司下一代领导人最有效的形式。

企业要为员工提供学习的机会，就像《敬业》一书中总结的："职业所给予人的薪水仅仅是员工工作报酬的一部分，而且是很少一部分。除了薪水，职业给予的报酬还有珍贵的经验、良好的训练、才能的表现和品格的建立。这些东西与用金钱表现出来的薪水相比，其价值要高出很多倍。"

所以作为企业，要重视员工培训，为员工提供良好的学习锻炼成长的机会和平台，通过培训把每个员工都打造成有用之才；而作为员工，要把企业组织的各种培训作为最大福利，作为个人"充电"的最好方式，去不断学习，不断提高自身综合素质和技能，来更好地适应企业发展的需要。

为员工提供学习的机会时要注意以下几点：

（1）给员工选择权，会让员工学习更积极。比如，要让员工根据实际情况选择学习培训的内容，如果产品专业知识不精，那就学习产品知识；营销技能不佳，就学习营销知识；等等。总之，要把学习的选择权交给员工，让他们按需学习，这样才能真正做到学以致用。

（2）肯定员工的成长。学习是为了成长，无论员工学习还是工作，积累一段时间后，管理者都应给予积极肯定，这样员工才会更有信心去迎接挑战和难题。

（3）给员工展示学习成果的机会。在工作中，给员工展示其学习成果的机会，也是管理者展示自己的契机。

47. 促进员工独立解决问题

想让员工有能力，管理者就不能当"直升机式领导"，不能天天盘旋在员工头顶上去阻碍员工独立解决问题。管理者应该做的，是"造钟"而不是"报时"！举个简单的例子，如果我问你现在几点了，你看了看表告诉我一个时间，这就叫报时。那什么叫造钟呢？如果有人问你几点了，你告诉他，要想知道几点了，有几个办法：

（1）去买一块手表或者买一个挂钟自己看；

（2）自制一个沙漏；

（3）根据天空中太阳的位置推测时间等。

通过上述方法启发问话人自己寻找解决问题的途径，提高解决问题的能力。这就是"造钟"。所以，高明的管理者会启发员工找到解决问题的方法，而不是总提供方法或上手帮助。

在管理学里有一个著名的技术叫"猴子管理办法"。猴子被喻指为员工需要解决的问题。遇到员工有了问题，管理者不要急着插手，更不能替员工决策，应该在工作中利用这些机会锻炼员工的独立思考能力和解决问题的能力，这样才能让员工快速成长。

【案例】

部门经理："小张，对于今年的策划，你有什么好的方案？"

策划主管："经理，我前几天给了你一份简单的方案，但我觉得不太合适，因此，我想请教一下您，希望您修改一下方案。"

部门经理："方案还是不错，同时，我认为你们是可以拿出更加优秀的方案的。对了，你们可以查询一下我们竞争对手的方案，你们不是还学过头脑风暴方法吗？你可以组织部门开个头脑风暴会议，群策群力，拿出一个更加优秀的方案。"

（第二天）

策划主管："经理，经过我们小组的商议，我们制定了5套可以执行的方案，我现在可以给您讲讲我认为最好的一个方案……"

部门经理（一直耐心地听，时不时提出一两句启发性的提问。发现方案中有一些问题时就说）："如果出现……的问题，按照这个方案执行，会出现什么问题？有什么可以解决的方法？方案再研究讨论一下再做决策。"

（第三天）

策划主管又按照提示改进了方案，最终对自己小组制定的策划方案有了完美的解决思路。

一般引导员工找到解决问题的方法，可以问三个方面的问题，比如现在是什么情况？总体策略是什么？问题的根本原因是什么？

问"现在什么情况"能够摸清楚员工当下遇到了什么问题,在问的时候要心平气和,不要带有任何责备和负面的情绪,让员工感受到的是被关心和爱护,如此员工才会把遇到的问题全盘托出。

问"总体策略是什么"意在听听员工面对困难时有没有自己的解决思路,如果完全说不出来的话,说明其没有思考。应该继续问:"能不能把这个问题详细描述一遍,现在什么样的状况?如果把这个问题解决了,你希望达到一个什么样的结果?"这样问,是希望让员工明确这个问题与企业的目标是什么关系,同时也能知道员工是怎么想的,以及能够掌握员工目前解决问题的能力处在哪个水平。

问"问题的根本原因是什么",意在找到问题的根源,高效解决问题。可以进行启发式提问:"如果你是我,你会怎么办?"员工肯定会说就是因为不知道怎么办才来找你的。这时候你得再继续引导:"那我们商量一下应该怎么办,你先发言。"在这样的沟通下,员工肯定会说出他心中模糊的想法。然后,你继续问:"除了这个方法,还有什么其他的方法?"接下来再问员工:"假如你是我,你会用哪种方法?"如果他选了其中一个,你再问:"如果让你用这种方法解决问题,你有多少信心?"员工不敢把话说得太满,不会打满分,那你就得接着问:"你觉得还差的 × 分,应该从哪些方面去完善?"

以上就是促进员工独立解决问题的一个过程。那么,如何促进员工自己主动解决问题呢?

(1) 要会提问,可以问三个问题:

①你觉得这个是什么问题?

②你觉得应该如何解决?

③还有别的更好的办法吗?

问完这三个问题以后,再给出解决方案和资源支持。

(2)告诉员工做一件事情的标准,即将评价标准量化和数字化。明确指出做好工作的重点是什么,应该怎么做;标准是什么,做好的最终结果又是什么。

(3)训练员工怎样才能做好。管理者就是教练,承担着培养和开发员工潜能的责任,在员工了解了该做什么以及做好的标准或结果后,管理者还应针对如何达到标准,对员工进行有计划、系统性的训练。

(4)放手让员工去做。经过前面三个步骤的准备工作,员工已经知道了该做什么、做好的标准以及达到标准的技能,接下来管理者就要放手让员工去做,让员工在实践中成熟和获得提升,直至自己真正独立。

(5)反复训练,直到员工可以胜任工作岗位。放手让员工去做,在做的过程中不断纠正和训练,使他真正掌握知识和技能,直至胜任自己的岗位。

48. 工作氛围好,员工做事更高效

企业中,有快乐的工作氛围,员工的工作就会高效,所以,工作氛围也是激发员工效能的关键因素之一。

当有人问稻盛和夫为何能将企业管理得如此之好时,稻盛和夫先生这样说:"我到现在所做的经营,是以心为本的经营。换句话说,我的经营就是围绕着怎样在企业内建立一种牢固的、相互信任的人与人之间的关系这么一个中心点进行的。"这种关系的形成会让工作氛围特别融洽、放松,让团队成员具有安全感,不再需要每天去面对复杂的工作环境和沉闷压抑的工作氛围,反而能把更多的心思用在工作上,提高工作效率,带来更多的创造力。

在华为工作过的员工，无不对其舒适的工作环境有着深刻的印象。华为的百草园是华为为其员工打造的温馨家园，里面超市、休闲中心、餐厅、美发厅等一应俱全，员工需要满足什么需求，一张工卡就能全部解决。这里对于整日专注于科技项目，无暇顾及生活琐碎事务的研发人员来说无异于人间天堂。此外，公司还定期举办一些运动比赛等活动，通过这些活动来拉近员工之间的距离。事实证明，华为的这种舒适的工作环境在一定程度上对员工起到了激励的作用。

松下幸之助也曾说过：事业的成功，首先在人和。在管理实践中，松下十分重视"人和"，以此来调适和化解内部矛盾，使企业员工在共同价值观念和共同的企业目标基础上形成相依相存、和谐融洽的氛围，产生出对企业的巨大向心力和认同感。

在谷歌的企业理念中，工作既是生活的一部分，也是乐享生活的源头。谷歌的企业创造力，就来自于轻松自由的工作氛围。在谷歌上班时可以携带宠物；工作累了，有按摩椅、台球桌；想活动一下，走两步就有健身器材……

有关调查结果表明，企业内部生产率最高的群体，不是薪金丰厚的员工，而是工作心情舒畅的员工。愉快的工作环境会使人称心如意，因而会工作起来特别积极；而不愉快的工作环境只会使人心生抵触，从而严重影响工作的绩效。

【案例】

亨氏公司作为美国一家有世界级影响力的超级食品公司，取得的成就也与其注重在公司内营造良好的工作氛围密切相关。亨氏没有采用等级森严的管理制度，而是采用了平等、自由的工作方法，通过给员工营造一个轻松、快乐的工作氛围来促进员工的工作热情。在亨氏公司内部，老板亨利经常下到员工中间去，与他们聊天，了解他们对工作的想法，了解他们的生活是否存在困难，并不时地鼓励他们。亨利每到一个地方，那个地方就谈笑风生、其乐融融。员工们都很喜欢亨利，工作起来也特别卖力。有一次，亨利出外旅行，还给员工带回一只短吻鳄养在公司的鱼缸里，希望让员工感受到同样的快乐。正是亨利这种与员工苦乐共享的风度，使亨氏公司的员工们拥有了一种融洽快乐的工作氛围，而正是这种工作氛围成就了亨氏公司。

一个良好的团队氛围离不开背后的诸多因素，那么如何才能创造一个良好的、令人愉快的工作氛围呢？从以下几点入手。

（1）部门之间分工明确，只有明确的分工才能达成良好的合作。各部门出现状况时应该互相帮助，而不是互相推诿，这样才不会影响工作的良好氛围。

（2）打造强大的企业文化。文化是凝聚人心的最强、最好的力量，因此企业要打造一个相互帮助、相互理解、相互激励、互相关心的企业文化，在企业内部形成一个融洽美好的工作氛围，以此来提高员工的工作效率。

（3）允许每个员工有表达权。企业没有官本位思想，人人都是平等的，遇到问题或讨论问题时可以畅所欲言，这样就能形成一个平等真诚的工作氛围。

（4）重视部门的团队建设。工作中可能各自处理手头的事没有时间彼此了解，如果时常出去团建，就会让团队成员心情更放松，带着好心情去工作，往往会有积极的效果。

49. 用幽默的方法进行管理

美国企业管理委员会的专家称，幽默也能挣大钱，因此管理者运用幽默的方法进行管理，将是提高员工积极性，使员工产生效益的上佳之选。

做好员工的情绪管理工作，并非一件简单的事情，但也不是一件困难的事情。情绪无非两种，一种是消极情绪，另一种是积极情绪。消极情绪往往源自工作中的压力和生活中的不顺心，而积极情绪可以简单理解成某件事情让自己开心。所以，对管理者而言，要想拉近与员工的距离，最简单的办法就是保持幽默，为员工带来积极情绪，从而提高整个团队的情绪。

美国加利福尼亚州太阳计算机系统公司的技术人员每年都要精心策划一场"愚人节"闹剧。有一次，公司总裁斯格特·麦卡尼拉上班时发现他的办公室变成了一个微型高尔夫球场，而且满是用砂子制成的小陷阱。事后他非但没有对这场闹剧的"肇事者"加以批评和惩处，反而对这种行为大加赞赏。因为他认为，这种闹剧（幽默）不仅可以使员工在工作中通力协作，而且还可以鼓舞士气。

美国的一些企业就曾经做过实验，证明幽默确实能够改善生产力，提升士气，并有助于团队合作。某些企业甚至让员工接受幽默训练，想尽办法增加员工的幽默感。在科罗拉多州的迪吉多公司，参加过幽默训练的20位中级经理，在9个月内生产量增加了15%，病假次数减少了一半。

幽默管理的魅力不仅在于能够使管理者和员工之间相处更融洽，更在于管理者能够为员工构造出轻松和谐的工作氛围，有氛围不仅能留住员工的人，更能留住员工的心。

【案例】

曾连续 33 年保持盈利，创下航空历史上前无古人纪录的美国西南航空公司的管理者就经常鼓励员工用幽默的方式使工作充满欢乐和激情。西南航空公司是依靠"廉价"而闻名的，但除了"廉价"之外，其还有一个取胜诀窍，那就是"幽默管理"。

西南航空公司的总裁是一个极具幽默感的人。他很早就提出了"幽默管理"这个理念，希望员工每次都能让顾客在欢声笑语中飞行。在总裁的号召之下，西南航空公司的乘务员们个个都成了段子手。

比如在点餐时间，乘务员会说："您的午餐有两种选择：鸡肉饭或意大利面；如果轮到您时只剩一种，那么请不要担心，它们的味道其实差不多。"

飞机要调暗灯光了，乘务员提醒："我们马上要调暗灯光，这主要是为了让我们的空姐们看上去更漂亮。"

戴氧气面罩的时候，乘务员会说："请牢记一定要先给自己戴氧气面罩，然后再去帮助自己的孩子和那些孩子气的大人们。"

很多时候，飞机刚刚滑行至航站楼处，安全带指示灯还未熄灭，人们就开始起身拿行李。此时乘务员会这样说："先生们女士们，我们需要大家帮助清理厕所，如果您想帮忙请起立。"就在那一瞬间，所有想站起来的人都坐下了。

类似这种幽默的段子还有很多，使得所有乘坐过西南航空公司航班的人都能感受到"欢乐空中客车"的魅力。

在用幽默进行管理的时候，也有一些注意事项：

（1）幽默不是滑稽。滑稽是为了让人们发笑而去刻意搞怪和吸引眼球；而幽默却是智慧，是结束了才让人发笑并能回味，会让人心情更加轻松愉悦，给人带来积极的反应。

（2）幽默要看场合。幽默要符合主题，不同的主题对幽默的要求是不一样的。如果培训和开会的主题很严肃，最好还是少幽默。

（3）幽默需要内涵。无论是说段子还是讲故事，幽默打动别人的一定是内涵，不是无厘头和恶搞，因此要让自己的幽默充满智慧，让人发笑而又不让人觉得低俗。

（4）为了活跃气氛，可以搞个娱乐节目，大家一起开心，或者从小事开始，努力营造欢乐的氛围。比如可以用彩色纸、彩色笔做一个娱乐建议箱，只要感觉某人提的建议充满乐趣，就试试它；如果有许多条让大家开心的建议，那么就从中选出最好的一条。

（5）起个幽默的名字。可以给自己、员工或公司产品，起一个十分有趣的绰号或名字，这样大家一旦叫出这个名字，就会从内心觉得欢乐。需要注意，在给员工起绰号时，不能起带侮辱性的，应该在善意的基础，起个艺术的绰号。

50. 关注员工兴趣，激发员工工作热情

爱因斯坦说过，"兴趣是最好的老师"，人们对自己感兴趣的事情总会投入最大的精力。无论是教育孩子还是激励员工，如果能够知晓对方的兴趣，并让他做自己感兴趣的事情，那么往往能激发出一个人最大的潜力。每个人的内心都有一份永恒的兴趣，但成为职场人后，往往会被繁重的工作压力

和沉闷的工作氛围日复一日消磨掉了，大多数员工不得不在被动的状态下工作，直至引发职业倦怠，轻则员工的满意度降低，工作效率不高，重则导致员工对工作厌倦，情绪低落。

李开复也曾说过，面对没有兴趣的事情，人们大概只能产生20%的效果，如果遇到感兴趣的事情，则能够取得200%的效果。因此兴趣驱动的工作，往往会带来更多的意志、专注、自信和积极性。

【案例】

某公司为了激发员工的工作热情，提升大家的审美能力和鉴赏能力，成立了兴趣画画小组，而画画小组组员的绘画水平确实非常高，像翱翔的雄鹰、漂亮的孔雀、犀利的猫头鹰，还有可爱的和平鸽等，都被他们画得栩栩如生。在绘画的过程中，小组成员发现了美并感受到了美，促使他们带着更好的审美眼光给客人推荐产品。除此之外，公司还有手工小组，每周都会做很多手工小礼物，比如小发卡、零钱包、收纳盒、笔袋、毛衣挂饰等，大家都很积极地参加，一方面培养了大家的动手能力，另一方面还为团队减了压。而且做好的手工小礼物，有的还会送给客人，很多客人都很喜欢。

除了上述兴趣小组，公司还成立了英语小组，来提升大家的英语能力，部门经理专门请来了英语老师，每天在群里为大家推送日常口语，有兴趣的同学可以在群里跟读，老师会一对一地矫正，大家都学得很认真，不仅提升了工作能力，而且自己出去旅游也能用得上。

这家公司不仅为员工提供有系统的专业培训，还为大家组织了丰富多彩的活动小组，激发了员工的工作热情，让他们始终能量十足，销售业绩也势如破竹。

可见，管理者如果能关注员工的兴趣，便能够激发员工的工作热情，这便是管理的魅力所在。

企业在让员工好好工作的前提下，必须关注员工的兴趣，并想办法，将兴趣与工作联系起来，才能对员工起到激励作用，这就需要企业管理者平时多观察，及时发现员工身上的能与工作联系起来的兴趣点，并进行挖掘，以此激发员工的工作热情。

51. 把"惩罚单"变为"改进单"

奖惩激励中，有奖就应该有惩，所以管理公司中会有一项激励手段，那就是开"处罚单"，以此对员工进行处罚。处罚和奖励一样，用久了也会让人感到不再新鲜，处罚所能产生的激励效果也会打折扣。如果把"处罚单"变成"改进单"，可以减轻处罚员工时对其心理造成的负面影响，同时还能促使员工以后变得更好。

【案例】

海尔公司允许员工竞争领导岗位，甚至在员工这一层面海尔也制定了"三工并存，动态转换"等奖罚措施，既通过设置切实可行的目标给人以期望，又通过制度办法刺激动机，如成为"优秀员工"的升级，算是正刺激，而成为"不合格员工"的降级使用就是负刺激。通过这样反复不断的刺激，促使每个员工认同新的更高的目标。张瑞敏说："我们靠的是建立一个让每个人在实现集体大目标的过程中充分实现个人价值的机制。这种机制使每位员工都能够找到一个发挥自己才能的位置。我们创造的是这样一种文化氛围,你干好了,就会得到正激励与尊重;同样,干得不好,会受到负激励。"他解释说,为什么不叫惩罚而叫负激励,其目的在于教育员工不再犯同样的错误,而不仅仅是简单地让员工付出代价。

"改进单"可以标示员工的姓名、部门、职务、需要改进的内容、改进结果、改进人、辅导人等。

通过变"惩罚单"为"改进单",会形成一种积极的激励效果。本来处罚是一种反面的教育,通过管理者的转换,就变成一种正面的教育,还能够鼓励员工改正错误,并激励员工在正确的方向上努力前行。因此,惩罚绝对不是冷酷、无情的,只要我们敢于大胆创新,惩罚就会变得与正面表扬一样,甚至产生比正面表扬更好的效果,即化被动因素为主动因素,将批评与惩罚员工变成激励员工。

"改进单"也可以理解为一种负激励,这样的"改进单",要远比严厉的处罚单效果好。因为"改进单"非常富有人情味,具有提醒、教育和启迪的性质。因此,当员工违反了公司的一些管理制度,收到"改进单"以后,在心理上会发生一些变化,比如从最初的反感、抵触和反抗,到最后的理解、认知、接受并改正错误。这就是管理者在处罚上的艺术,并进而形成一种企业文化。

负激励作为一种激励手段,也有很大的优势:

(1)企业给予员工一条红线,员工必须遵守。作为组织,如果没有红线,员工就会缺少敬畏,员工对企业的规则和目标就不太能引起重视。

(2)负激励能够起到很好的警示作用,不只针对被惩罚的个人,还可以对其他人产生一定的警示作用,能够提醒其他员工遵守规则,努力达成目标。惩戒的目的在于促使员工必须和应该达到并保持应有的工作水准,惩前毖后,从而保障公司和员工的共同利益和长远利益。

七、情感激励：
让员工在感动中奋力打拼

52. 真诚的关怀是情感激励最直接的方式

现代管理提倡"以人为本",真正的"以人为本"是指分析和解决与人相关的一切问题,其核心内容就是企业管理者要尊重人、关心人。以员工为本不是以员工为根本,牺牲企业利益,更不是以牺牲员工的利益换取企业的利益,而是在企业利益得到保障的同时最大限度地保障员工的利益,把员工放在企业价值共同体的地位,让他们没有后顾之忧,通过这样的方式来激励员工发挥最大的能动性,推进企业健康持续发展,这才是真正的以人为本的内涵。

如果管理者能够做到真正关心员工,不只可以调节员工的认知,调动员工的积极性,还可以增强员工的责任感和使命感。因为,当人们的情感更一致时,凝聚力、向心力便成为不可抗拒的精神力量,进而维护集体的责任感、使命感也就成了每个员工的自觉立场。

京东的各种福利补贴多达 25 种,如全体员工都享有全勤补贴、餐费补贴、工龄补贴。除此之外,针对倒班的一线员工,京东会给予夜班补贴;针对做搬运的仓储员工,京东会给予风雨同舟补贴;京东会对于无惧寒暑在外奔波送货的配送员和司机,以及没有空调暖气的仓储员工,给予防寒防暑补贴;对身处丽江、西藏的配送兄弟,京东会给予高原补贴;等等。京东员工表示,如果拿足全部补贴,足以抵上其他企业员工的一份薪酬了。

可见,作为管理者,不但要开发和培养人才,更要尊重和关心人才。要着眼于员工的情感,给予员工心灵上的愉悦和物质上的保障,如此才能带动员工更大的积极性。

【案例】

某珠宝连锁品牌每次加班或会议结束后，会派专门的人确保员工安全到家；店铺会搜集员工孩子的生日，提前为员工调休两小时，让员工能早点下班接孩子，和孩子一起过一个其乐融融的生日；店铺会关注员工的宿舍安全情况，定期巡查，特别关心员工加班后的夜餐是否有安排好；店铺还会每月为下个月过生日的员工提前过生日；对于家里有孩子的员工，店铺会允许他/她晚来早走。越是这样被对待的员工，越会将工作的热情回馈给公司，只要有时间就会加班或努力工作。这就是情感激励的强大作用。

人心都是肉长的，虽然员工与企业之间是雇佣关系，但如果仅有薪酬方面的激励的话，员工很难死心塌地把自己交付给企业，遇到别的企业支付更高的薪水往往会跳槽，反而是被真心关怀的员工，很难被其他企业撬走。真诚关心员工的管理者会通过"走心"的管理，让员工感受到被理解、被信任，这是实现团队胜利的基础。

管理者对员工真诚的关心主要体现在哪些方面呢？

（1）对员工的工作和生活都关心。不要让员工觉得管理者只在乎他工作卖不卖力，加班积不积极，只把他看成是工作的机器，而是应该要适当关心员工的生活状况，问他们过得怎样，有什么新鲜事，孩子的教育、家里老人的身体等，这样可以让员工感受到来自企业和管理者的关心与体贴。

（2）有条件的企业可设立员工互助基金委员会，为有困难的职工提供帮助，使职工产生家的感觉，有利于温暖人心、凝聚人心。也可以成立一个为员工提供关怀的小组，如为过生日或有婚庆等方面需求的员工组织一些送温暖的活动。

（3）记录员工的愿望并在特定的日子帮其实现。实现心中的愿望是每个人的渴望和追求，如果企业能够记录员工的愿望并帮助他们实现，会对他们产生巨大的激励作用。比如，可以在年初将员工的愿望记下来并整理成册，年终打开一一核对，为员工实现愿望或送上惊喜。

（4）关心员工的身体健康。在工作中，管理者对于员工身体情况的关爱应体现在点点滴滴，小团队人不多的情况下，很容易发现有人感冒咳嗽，这时候真诚地问一句，或准备一些感冒药，嘱咐他及时去看医生，这样员工会从内心感激管理者。

53. 时刻调查并提高员工满意度

员工作为企业最重要的资源，其工作满意度直接影响到企业的生产效率和绩效表现。因此，为了激发员工的工作热情，很多企业都会定期进行员工满意度调查。

员工满意度调查，是深入了解员工和企业很重要的手段。做了员工满意度调查，才能了解企业待遇是否公平，员工与其所做工作是否匹配，工作环境是否需要改善，员工关系管理是否需要加强等。而做员工满意度调查的方式主要有问卷和面试两种。

【案例】

某芯片公司成立才一年多，就以领先的技术成为行业翘楚。公司创始人为了给高技术人才创造更好的条件，通过不定期向员工进行问卷调查，看他们在工作方面有哪些满意和不满意的地方，从而发现他们的真正需求。人力资源部对于员工从个人到子女、从工作到生活都给予了全方位的服务，包括设计公司的未来人才发展规划，建立人才库，即使没有入职公司，也要保持联络；安排人才公寓，帮助员工子女找学校，面试的员工到楼下迎接等。虽然最开始公司的条件有限，没有食堂，但是通过自助选餐尽量让来自各地的员工吃到可口的饭菜；对于各部门提出的招聘需求，当天即启动，对于后勤的需求，3天内给到解决方案。IT中心更是做到了主动服务，技术工程师不再只是救火队员，而是主动询问每位同事的电脑使用状况，主动为同事的电脑升级；在不增加公司成本的情况下，重新进行资源分配，同事的需求30分钟内响应，半个工作日内解决。

企业是个体的集合体，员工对企业的满意度越高，对企业的忠诚度就会越高。所以，企业要做好，满意度调查是少不了的。了解员工心理和生理两个方面对企业环境的感受并帮助他们做适应性改变，有助于降低员工流失率，提高企业经济绩效。满意度调查主要包括报酬、学习、晋升、环境、地位、公司的承诺等各个方面。对员工进行满意度调查，才能对员工不满意之处做出改变，否则企业就只能原地踏步。

根据马斯洛的"需求层次理论"，工作满意度与工作报酬、工作本身、工作条件、提升和认可等因素有着密切的联系。

员工对企业的满意度不高，就会出现消极怠工、缺勤、离职，导致企业生产效率降低，产品与服务质量难以保障，从而直接威胁企业的生存和发展；反之，如果员工对企业的满意度较高，就会全身心投入，发挥积极性、主动性和创造性，客户也能获得优质的产品和良好的服务，最终客户满意，企业盈利。

对员工进行满意度调查，一般可以围绕以下几个要素进行：

（1）认可。员工在岗位上的工作能得到认可吗？比如在过去的一周，员工因工作出色而受到表扬了吗？员工离职往往因为不被认可。

（2）快乐。工作中员工能感受到真正的快乐吗？快乐的员工比普通的员工敬业率高10%。

（3）个人成长。在工作中，员工有机会做擅长做的事吗？企业有人鼓励员工的发展吗？员工希望在工作和生活中得到成长。

（4）满意度。员工对自己的薪酬福利和工作环境是否满意？

（5）健康。员工的工作压力大吗？有良好的饮食和睡眠吗？健康的员工更有精力，工作效率也更高。

（6）形象代言。如果企业让员工成为代言人，员工愿意视公司为最佳的工作场所吗？

（7）人际关系。在工作中员工与领导关系和谐吗？与同事相处融洽吗？同事们致力于高质量的工作吗？

（8）意见反馈。有人对员工的工作提出过建设性的反馈意见吗？在过去的6个月内，公司和员工谈及有关员工进步的问题了吗？

（9）员工为什么能够留下来？员工看重公司哪方面的价值呢？

54. 把员工当客户

企业为顾客提供产品和服务，所以，在很大程度上企业第一时间想到的是如何服务顾客，让他们有良好的体验，从而后续产生更多的消费。事实上，企业第一个要服务的对象是自己的员工，如果员工体验不到被关怀、被尊重和爱，那么他的心又怎么能在这个企业里呢？又何谈去认真服务顾客呢？有句话是这样讲的：关爱你的员工，他们将关爱顾客，顾客才会再次光顾。

业界流传着星巴克和海底捞的员工很难被挖走的说法，他们把员工"不当雇员，当伙伴和家人"；西贝的信条是"连员工都服务不好，谈什么服务顾客？"；巴奴火锅店的员工说起自己的宿舍一脸满足，他们说："不论多晚下班回到宿舍，都能洗上热水澡。"

正是因为对自己的员工充满人情味，才使得这些企业在服务行业有了不可撼动的地位。同时也让员工产生了极大的忠诚度，企业内部形成了良性循环，企业发展蒸蒸日上。

就像杰克·韦尔奇对忠诚员工的定义那样，"忠诚的概念不再是一个人对于企业所付出时间。真正的忠诚是那些希望与外部世界斗争并取得胜利的人们之间的一种默契。"只有员工感受到被关怀，才能与公司拧成一股绳，去一致对外，产生默契。公司先服务好员工，员工才能服务好顾客。这不是割裂的两件事，而是一件事的两面——员工对待顾客的样子，其实就是公司对待他们的样子。员工是否热爱工作是可以用肉眼判断出来的，当员工讨厌自己的工作时，也会讨厌企业的顾客；而当员工热爱自己的工作时，就会更好地服务顾客。

【案例】

青岛的海景花园酒店服务做得很好，在酒店行业中的口碑不错，同时他们对员工的关爱也十分到位。

海景的服务品牌叫作"亲情一家人"，把西方的"规范化"与东方的"亲情化"有机地融合，就是把客人当亲人、当家人，从情感上贴近顾客，给予他们无微不至的关照。要求每个员工凡事都要站在顾客的角度"替顾客着想、帮顾客想、想顾客想",当好顾客的耳目和代言人。利用一切机会,把服务做得更细,体现个性化、细微化、亲情化,创造"让顾客满意,让顾客惊喜,让顾客感动"的服务境界。其实该酒店不光对顾客无微不至,对员工也非常关爱。他们提出"对员工的关心越深,员工对顾客的关爱越亲"。因此,"上级为下级办实事"也成为一个考核指标。除此之外,他们还专门设置了"员工接待日",每周二上午和下午分别3个小时,由人力资源总监亲自接待。另外,员工的活动区域还设有健身房、KTV房,可以上网的阅览室及专门的生日房,在员工生日当天,主管要带头为员工办一个生日聚会。

无论多大的企业、多么优秀的企业,也无论企业战略制定得多漂亮、企业愿景有多宏大,最后都得靠一线员工去执行和落实,靠一线员工去打拼和奋斗。因此,对员工用点心,让他们工作得体面和幸福,他们才更愿意与企业共同成长,为企业开疆拓土。

海底捞员工的工资差不多要高出同行10%,还不包括其他的福利。为了让员工的孩子能上学,海底捞就建学校;为了让员工住得舒服,海底捞就给员工宿舍配专业保洁;为了让员工能放开手脚服务顾客,海底捞就赋予员工免单权,这些都是企业对员工关爱的表现。

星巴克对待员工也是如此,新员工入职前就会收到店经理的欢迎邮件;入职后,还会收到来自公司的欢迎礼包;入职第一天,还要和经理一起品尝咖啡,通过咖啡来了解星巴克;做得久的老员工会得到股权激励、分红激励等各种"合伙式"待遇。

顺丰公司的王卫曾在一次演讲中说:"对于管理几十万人的公司,我没有特别独到之处,只是将管理回归到人性的本质上来。"企业对员工用心,员工也会用工作业绩来回报企业。在所有快递行业里，顺丰快递小哥大多都是口碑最好的，他们服务周到、热情洋溢，很多客户甚至觉得，只要是稍微贵重一点的物品，都可以放心交给顺丰。

55. 奖励给员工真正需要的东西

一提到奖励激励，大家首先会想到是给员工发奖金，这当然没错。只是同样是发奖金，有的员工领完以后没有任何感觉，而有的奖金却发到了员工的心坎里，让员工感动不已。所以，奖金是花了心思并且奖励员工真正需求的，才能让奖金发挥更加有效的激励作用。

【案例】

有家公司的销售员小张一直兢兢业业，销售业绩连续 10 个月都排在公司的第 1 位。一天，总经理把他单独叫到办公室说："由于你这一年业绩突出，总公司决定给你 10 万元奖金。"小张听了非常开心，这个时候总经理问道："小张，你的业绩做得这么好，今年你有多少天在公司？有多少天在陪你的妻子？"小张说："今年我在家的时间没有超过两个月。"总经理惊叹之余拿出了 1 万元对他说："这是奖给你妻子的，感谢她对你工作无怨无悔的支持。"总经理又问："你儿子多大了，你今年陪他出去旅游过吗？"小张有点遗憾地说，"我儿子不到 5 岁，今年我还没好好陪过他。"总经理又拿出了 1 万元说："这是奖励你儿子的，告诉他，他有一个了不起的爸爸。"这个时候小张已经热泪盈眶，总经理又问道："今年你和父母见过几次面，尽到当儿子的孝心了吗？"小张难过地说一次面都没见过，只是打了几个电话。总经理感慨地说:"啊,我要在年会上把你的父母邀请过来,感谢他们为公司培养了这么优秀的人才,并代表公司给他们再送1万元。"小张此时已经激动不已,"感谢公司对我的奖励,我今后一定会更加努力。"

同样是发奖金,但是这位总经理却说出了多个发奖金的理由,而且每一个理由都击中了小张的心理需求,让小张一次又一次地感受到被激励。所以,作为管理者,员工就是你的客户,我们需要分析员工的需求,知道他究竟需要什么,这样才能够触动员工的心。

人是因为需求才做事的,也就是说,任何行动都是为了满足需求。因此,人的需求被认为是所有行动的源头,是需求刺激了行动。要找到员工真正想要的东西,管理者必须知道员工真正的所思所想,然后设身处地地站在他们的立场上考虑激励问题。管理者应该深入了解员工,如此才能知道他的真正需求。员工的需求并非只是优厚的报酬,就像有句话说的"士为知己者死",如果作为管理者,在工作中能够了解员工深层的需求,并给予这种需求以奖励,员工就会心甘情愿地完成工作,甚至会超额完成工作。

56. 对员工进行正能量的语言鼓励

人人都爱听好话,每一个员工都是围绕着管理者的舌尖在舞蹈,因此,管理者若说正能量的语言,员工就会产生正能量;管理者如果说负能量的语言,员工则会产生负能量。一个善于用正能量语言鼓励员工的管理者,是善用情感激励员工的。

比如,"我相信你一定可以做到""和上个月相比,你明显有了很大进步""我看到了你的努力和用心""换个角度想，会有不同的想法""你的想象力好丰富""谢谢你，这么快就把我要的资料整理完了"……这些都是让员工有创造力、产生积极乐观的鼓励性语言。

语言上的鼓励往往能够打动员工的心，虽然不同于给钱、给物、给地位那样的物质激励，语言鼓励更能从内心给人以力量，同样是员工所需要的。

【案例】

电影《冰上奇迹》是加文·欧康诺执导的传记片，该片讲述了1980年2月22日布鲁克斯率领的美国队在普莱希德湖冬奥会冰上曲棍球比赛中战胜苏联队和芬兰队夺冠的故事。1980年以前，苏联国家队已经连续四次捧走奥运会冠军奖杯，他们训练有素、经验丰富，还多次以大比分战胜美国国家队和NHL（北美国家冰球联盟）明星队。初出茅庐的美国小伙们所要面对的，不仅仅是一个几乎难以战胜的强大敌人，还有自身战术素质不高与缺乏团队精神等种种困难，在决赛前，没有一个人看好年轻的美国队。但是，奇迹竟然真的发生了！1980年2月22日，布鲁克斯率领的美国队最终在半决赛以4∶3的比分战胜了苏联队，并在随后的决赛中战胜了芬兰队夺冠，上演了一个永垂体坛的冰上神话。从此，这支队伍也被称为"冰上奇迹队"。

电影中，教练用的正是正能量的语言鼓励方法。教练让球员在已经熄了灯的球馆里一次又一次地来回滑行，一次又一次喊着"再来"。在这个过程中，教练不断用积极正能量的语言鼓励他们。慢慢地，在教练的带领和语言的鼓励下，球员们之间有了凝聚力，他们开始更专注地训练，和教练研究对手的战术，从开始的敷衍到最后的齐聚一心，虽然每个人没有说要赢苏联队，但他们心中都有一个信念，就是赢苏联队，而最后他们确实成功了，创造了一个伟大的奇迹。

那么管理者该如何用正能量的语言鼓励员工呢？

（1）使用积极的语言。人人都喜欢听到那些充满正能量的语言，而非排斥负面的语言。比如，遇到别人做得不好的事情不要说"你这个行为不对"，而应说"你一定也不想结果这么糟糕"；不要说"你真是不长记性"，而应说"你自己想想，还有哪些办法可以解决这个问题"。

（2）使用简短的话语。简短有力的语言就是用最少的话语说出最重要的内容。我们都知道，越是简洁的语言越有力量。所以，说话之前要对语言进行"断舍离"，把无关痛痒又说不到点子上的话舍去，使说出的语言简洁有力，这样才能真正起到动员和激励员工的作用。

（3）使用浅显易懂的话语。在平时的交流中，人们都喜欢听接地气的话，说白了就是浅显易懂的话。所以，激励的话语要通俗易懂，语言流畅，不要太深奥，也不要引用过多难懂的事例或名人名言。

（4）说对方希望听到的话语。如果只说自己想说的，充其量是自说自话，只有说对方想听的话，对方才能接受。动员激励最怕的就是鸡同鸭讲，没有真正关心和理解对方想要什么，这样的动员激励起不到任何作用。所以，说对方想听到的话语，才能达到激励对方的目的。

57. 批评也要有温度

管理者言语上鼓励员工是情感激励的一种，但为了员工的进步，批评也是一种激励，不过需要注意对员工的批评要有温度，而不是单纯为了批评而批评。人们常言"关起门来教子，公众场合夸人"，这就要求人们不要在公共场合批评别人，能私下解决的问题不要闹得人尽皆知，最好选择合适的批评环境。

在公共场合批评人,哪怕你的出发点再好,被批评的人都会感到难堪和委屈,甚至愤怒,感觉被伤了自尊。而人一旦有了负面情绪,就会产生对抗,甚至会与批评者爆发争吵,自然不会想着如何才能让自己变好,可见当众批评人不可取。

【案例】

某家电商公司的一位销售经理,平时工作非常努力,但在一次重要的合作中他犯了一个大错,得罪了一个大客户,导致公司蒙受了巨大的损失。公司老板非常生气,立即找到这位销售经理,痛斥他的错误。销售经理感到很受伤,甚至开始怀疑自己的价值和能力,最后辞职了。

这是一个典型的失败案例,老板对销售经理运用了过激的批评,只看到他得罪了客户,却没有想到销售经理平时为公司做的贡献,更没有给销售经理任何改正错误的机会,故而导致了他的离开。如果老板能够顾及销售经理的感受,用销售经理能接受的方式去批评他,那么这位销售经理也许就不会离职。

【案例】

某公司销售部经理是一个出了名的"冷面判官",对员工的问题总是一针见血、不顾情面地给予批评。有一次,销售员小张正跟同事有说有笑,忽然被销售经理喊进了办公室。办公室的门敞开着,经理批评小张的声音外面的同事听得一清二楚。

"看看你这个月的销售业绩,怎么这么差啊?你看看人家小李,刚来两个月,业绩就做到了本月第一名。你以为我能让你拿这么多的薪水,我就不能让别人拿得比你更高?再这样下去,你这个销售冠军还能保持多久?"还没等小张开口，坐在老板椅上的经理就是一阵连珠炮般的轰炸，说完还把一沓厚厚的报表扔在小张面前。

"经理，我……"小张本想趁这个机会就此事与经理正面沟通。

"什么都不用说了，回去好好反省吧。再给你一个月的时间，要是下个月你的业绩还不能提升，那就要扣你的年终奖了。好了，你先出去吧。"说完经理不耐烦地摆手示意欲言又止的小张出去。

一肚子委屈的小张无奈地走出经理办公室，回想起经理那咄咄逼人的架势以及外面同事都看到了自己挨训的场景，他心里十分窝火。想着自己因为这个月盯着几个大客户，才导致当月业绩没有上个月好。经理不但不问缘由，还不顾情面地把自己说了一顿，越想越气的小张萌生了带着几个大客户离职的念头。

作为管理者，在批评员工时，一定要采用正面鼓励的方式。比如，在批评前可以先说说员工好的一面，然后再批评其不对的地方。比如，当管理者发现业务员对客户态度不好时，可以先说："小李，你的业务能力很强，是业务部共同学习的标杆。今天听说跟客户态度不好，肯定不是本意，是不是今天有什么不开心的事情影响了心情？"这样说就是一种正面的鼓励式的批评，会让被批评者知道他的优点和做得好的地方一直被领导看在眼里，即使批评自己也是对事不对人，真心为自己好。

批评要是让对方失去自信和自尊，是得不偿失的，因为伤了别人的自尊、让别人失去自信并不能够解决问题，因此有效批评应建立在不伤别人自信和自尊的基础上。

不少人在行使批评权利的时候，通常是一顿情绪发泄后就不再管了，结果被批评的人的错误依然存在，问题并没有解决，下次他/她还会犯同一个错误,因为对方只知道你发了脾气、生气了,却不知道怎么去改。所以,有效批评还要给犯错的人指出一条改正的路,这样对方的错误才能够得到改正。

在批评员工的时候,有以下几点注意事项:

(1)理解员工内心。员工犯错是正常的,只要是人都会犯错,但员工的错误往往有原因,只要不是主观原因,管理者就需要找到问题的根源,和员工一起讨论、解决问题,以此来增强员工的责任感和主动性。

(2)心平气和控制情绪。管理者在批评员工时,不要过于情绪化,应保持冷静、以身作则,让员工看到沟通的价值和能力。

(3)批评不是目的,让员工成长才是目的。管理者不应只是停留在责备和批评的阶段,而是要和员工一起探讨问题,给予员工成长的机会。通过这个过程,员工可以更好地了解自己的问题,提高自己的能力和素质。

(4)批评之前让员工搞清楚缘由。管理者是站在什么立场批评他,希望批评他之后得到什么样的效果,都要让员工清楚地了解。要基于事实,有具体的原因,并逐条指出,即只针对事进行批评,不能涉及被批评者的人格。

(5)要弄清楚事实。批评别人之前要弄清事实,这也是正确有效批评的前提。有些管理者常因一时激动就不分青红皂白地对员工进行批评,而忽略了对事件本身进行全方位的调查。即使管理者认为已经清楚地了解了事件的真相,在批评时也还是要认真地倾听员工对事件的解释。

(6)不在公开场合批评。不在公众场合批评对方,给被批评者一个安全的环境,这样对方才能放松心情和你就事论事。

58. 要在物质和精神方面照顾员工

稻盛和夫说过："如果没有员工，经营者一个人绝对做不成企业……员工幸福，大家接着就会想到客户，股东也会高兴，所以核心就是创建一个让员工开心的场所。"因此，情感激励的背后是尽可能照顾员工的身心。

【案例】

美国哈里逊纺织公司在1993年不但遭遇了严重的经济危机，又因一场大火让公司化为灰烬。3000名员工悲观地回到家中，等待着董事长宣布公司破产和员工失业的消息。结果，在焦急的等待之后，他们终于接到了董事会的一封信：向全公司员工继续支薪一个月。在全国经济一片萧条之际，能有这样的消息传来，员工们深感意外。在惊喜之余，他们纷纷打电话或写信向董事长表示感谢。

一个月后，正当他们为下个月的生活费发愁时，他们又接到了公司的第二封信，董事长宣布，再支付全体员工一个月薪酬。3000名员工接到信后，不再是意外和惊喜，而是热泪盈眶。在失业潮席卷全国、人人生计均无着落的时刻，能得到如此照顾，谁会不感激万分呢？第二天，他们纷纷涌向公司，自发地清理废墟、擦洗机器，还有一些人甚至主动去南方一些州联络被中断的货源。3个月后，哈里逊公司重新运转了起来。公司对于员工的关爱使得员工使出了浑身解数，愣是让一个濒临倒闭的公司有了生还的奇迹。

可见，一个公司的核心和根本就是员工，照顾好员工其实是在护公司。公司在发展过程中都难免会遇到过不去的难关，但只要管理者不在有困难的时候只顾自己，懂得关照员工的利益，那么员工一定会心存感激，共同努力让公司渡过难关。

那么，要从哪些方面照顾员工呢？

（1）重视员工物质和精神两方面的幸福。无论什么行业，如果管理者既关注员工的收入又关心员工的精神状态，例如给员工加薪或带员工团建，和员工交流感情等，那么员工就会同心同德，把公司经营得有声有色。

（2）让员工可以过上好日子。员工真正希望的是在公司长久地干下去，能够过上好日子，所以，公司要为员工的幸福着想，不但要满足员工基本的物质需求，还要给员工提供晋升的空间。要重视对员工的培训，让他们不断提升专业能力，提高综合素质。

（3）关心员工的吃、住、婚嫁。比如海底捞员工的住宿、生活条件，都是同行所没法比的。而且海底捞新员工一到岗，店长就会亲自为他服务，带他认识其他员工，帮他买生活用品，带他到宿舍，帮他打饭等。新来的员工工作过很多地方，但从来没碰到过对他这么好的企业，所以对海底捞的第一印象就非常好。这些都充分体现出海底捞的人性化服务思想。

59. 关心员工家人比关心员工更重要

如果管理者能够代替员工给他们的父母或家人送一份温暖，更能打动员工的心。所以，不少企业发现关心员工家人比关心员工更重要。

【案例】

在一家销售公司，有一个员工连续3年蝉联销售冠军，同行企业都想高薪挖他。为了留住他，该公司做的第一件事情就是花大心思邀请他的父母来到公司，准备在年会这天给他一个惊喜。来到公司后，公司不仅把这位销售人员的父母照顾得无微不至，还带着他们到处游玩。转眼到了年会这天，公司领导、员工都列席了，这位销售冠军也照例上台分享自己的工作经验。正当他讲得起劲时，台下的父母给他鼓掌，他一下子就看到了，然后激动地冲下台去与父母拥抱。这位销售冠军见公司如此有诚意，就打消了要跳槽的念头，然后一直在这家公司埋头苦干，一直干到了销售总监的职位。

每一位优秀的员工都是父母用心培养的，都有其伴侣和家人在背后的全力支持，因此，对公司来讲，员工的家人和员工一样重要，因此，关心员工的家人，才能让员工更踏实稳定地在公司工作。

【案例】

1995年的冬天，广东特别冷。杜邦公司新研制出一种轻盈、保暖的无纺布，其客户用这种布料做成了保暖轻便的手套，一上市就受到广泛好评。了解这一情况后，杜邦公司从客户那里购得一批手套，给所有员工的家人都寄了一双，并附上了感谢他们培养优秀子女的信件。

杜邦公司此举，员工开始并不知情，回到家之后，听到了父母对公司的称赞，并被父母叮嘱："这个公司不错，一定要好好地干。"员工感受到了杜邦的温暖，也以更大的热情和责任感投入到公司的建设中。

由此可见，父母的谆谆教诲和殷切期盼，比公司生硬的规定更容易深入员工心中。杜邦公司通过员工的父母向员工传递了关爱和尊重，员工也报之以更多的工作热情和责任感。

那么关心员工家人一般都有哪些方法呢？

（1）写慰问信。借着特殊的节日或公司的周年庆，给员工家属写慰问信，并随信寄一些礼品，会让家属感到自己家人在公司受到重视。对于员工本人来说，这也是公司器重自己的表现。

（2）邀请家属参与公司的活动。邀请家属参加公司活动并与员工互动，能够让家属更加信任和认可公司，还能拉近与公司之间的距离。

（3）给员工家人如老人、孩子送去特殊的关爱。

（4）如果员工家属中有病人，要去慰问和探望，这也是激励员工的常用手段。

60. 柔性管理，不是控制而是成全

柔性管理究其本质是一种"以人为中心"的"人性化管理"，它在研究人的心理和行为规律的基础上，采用非强制性方式，在员工心中产生一种潜在的说服力，进而形成激励效应，把组织意志变为个人的自觉行为。柔性管理的最大特点是不依靠权力（如管理者高高在上地发号施令），而是依赖员工内心深处激发出的主动性和潜力来管理员工的一种以情动人、以柔"动"人的激励策略。

德鲁克说，管理的本质就是最大限度地激发和释放他人的善意。可见管理不是控制，而是释放，是释放人性中本来就有的善意，帮助员工创造更大的价值，成就员工。要知道，员工不是工作的机器，他们有自己的想法，当他们觉得自己正被强迫做某些事情的时候，工作热情就会削减。所以，管理

不是控制，而是成全。

比如：流程管理是为了提高效率，而不是为了限制；制度是从人性出发奖优罚劣，而不是为了监督和约束；复盘是为了辅导员工，而不是为了挑毛病；组织架构的设置，是为了各个部门更好地协同，而不是为了在各个部门树立部门墙。

一句话，柔性管理就是不要过度管理。

员工的能力是不可能一下子全部发挥出来的，而需要一个循序渐进的过程，这一过程能否出现，取决于管理者有没有对员工进行卓有成效的感情投资。一个人不仅仅是围绕物质利益而生活，员工也不仅仅是为了金钱而工作。人有精神要求，有情感交流的需要，因此，就管理者来说，要充分发挥员工的能力和作用，使员工尽职尽责，就要对员工进行情感上的激励才可。

【案例】

20世纪70年代，由于日本汽车大举攻入美国市场，福特汽车的销量每年都大幅下滑。不仅如此，在福特公司内部，员工和管理层的关系也到了水火不容的地步，致使生产效率低下。面对这样的现状，亨利·福特二世意识到了问题的严重性，他果断起用贝克当总经理来改变公司员工消极怠工的局面。贝克也不负众望，上任后立即采取了两个措施：一是改变了以往强制性的管理措施，以友好的态度与员工建立联系，使他们消除了被"炒鱿鱼"的顾虑，即使想批评他们，也改用了善意的语气，建立了友好的工作氛围。二是虚心听取员工的意见，并积极耐心地解决问题，同时还制订了《雇员参与计划》，成立解决问题小组，让员工能够参与公司决策过程。措施实施后不久，福特便有了巨大转机，并大大缩减了与日本汽车的差距，顺利度过危机。

激励员工始终不变的目标就是要达成成果和绩效，而不是过权力瘾。所以，真正的柔性管理就是要以人为本，洞察人性。

企业实施柔性管理的关键要素如下：

（1）促进员工学习。科学管理时代需要整个团队的知识与能力不断迭代和升级，需要激励、综合、协调一线员工，不断提升员工的大局观。

（2）打造网络化扁平化组织，取代过去的层级组织。柔性管理一定不是金字塔式的层级状态，而是一种相互融合共生的横向的平等关系，以提高信息传递和工作的效率。

（3）在员工能力合格的前提下多给年轻员工一些自由空间和情感关怀，让他们真正做到心情舒畅，不遗余力地为企业做奉献。通过激励、引导与感召的方式提高员工的积极性、主动性与参与性。依据企业的共同价值、融洽的合作氛围以及良好意愿对员工进行人格化管理。

（4）关注个体的心理需求。管理的出发点与落脚点是基于"人本的延伸"。激发人的潜能，注重人文关怀与呵护，增强员工工作的主动性与创造精神，以此提高他们的工作效能。

61. 允许员工提出质疑

一个自信的管理者，不但不怕员工提出质疑，甚至会鼓励这样的行为。员工可以指出管理者说的不对的地方，提出改进建议，这样管理者才能听到更多不同的声音，也更利于整个团队的进步和成长。

对于管理者来说允许员工提出质疑有以下几个好处：

（1）敢于向上提出质疑的人，往往都是有能力的人，质疑声能够使执行方案更有参考价值，也更利于团队发展。

（2）因为有质疑的声音存在，不会让决策掺入私人欲望，这样决策会更合理公平。

（3）适当的质疑能够警醒管理者，要懂得谦卑，不要自大，管理职位不管多大，也仅仅是一个职位而已。

（4）有了质疑文化，就等于建立了民主的倾听和让所有人畅所欲言的机制，这是正义与公平的基础。

所以，一个好的团队是允许质疑声音存在的。那些死气沉沉的团队往往是官僚作风盛行，无论管理者说什么员工也只能听着，久而久之拍马、内斗成风。相反，那些充满活力的团队，往往人与人之间是平等的，团队中的成员都敢发出质疑的声音，没有"一言堂"，只有大家共同遵守的价值观和目标，任何人都可就团队的事情发表自己的看法。

一些优秀的企业如谷歌、facebook等，他们不但崇尚自由、个性、多样化、勇于冒险的企业文化，甚至允许员工"以下犯上"，鼓励低级别员工质疑他们的上司。

【案例】

某公司产品线负责人第一次参加由公司高级副总裁主持的会议，当他谈到最近一个项目的发布情况时，一名比他低几个等级的员工打断了他的话，并对他说道："我觉得有些东西你搞错了，你对这个许可项有误解，那种方法行不通。"副总裁坚持自己的看法，但那个员工也并没有退缩，指出了具体错误的地方并要求与项目方的人见面继续讨论新的方案。当时产品线负责人很是惊讶，他不敢相信一个低级别的员工竟然敢在众人面前质疑高级别的副总裁，不禁暗暗替那个"敢出风头"的员工捏了一把汗。但会议结束后，副总裁不但没有对那个提出质疑的员工有任何批评，反而把手搭在他的肩膀上感谢他的发言。私下里，产品线负责人不解地问副总裁，怎么能允许比自己级别低的人质疑自己，副总裁却对他说："如果哪一天你因为害怕不受待见而不敢提出反对意见，那你就可能不得不离开这里了，因为你没有对整个团队负责任。我们的团队人人都有责任提出自己的不同意见，领导更期待每个员工的有效反馈。"正是这样一种轻松的工作氛围，使得公司拥有着无比巨大的竞争力，公司运行也非常稳健。

真正的情感激励不是口头上说多么尊重和信任员工，也不是喊口号对员工如何进行人文关怀，而是要允许员工发出不同的声音，甚至敢于质疑管理者。

那么如何才能形成允许员工质疑管理者或互相质疑的文化呢？

（1）管理者不要觉得自己无所不知，要知道人人都有短板和无知的一面，越是有能力的人越谦卑，越能承认自己不是万能的，不自以为是是向成长迈出的关键一步。

（2）企业对待员工要一视同仁，尤其对一些企业的"老人"，在薪金待遇等各方面要和其他员工差不太多，除非其对企业有巨大贡献，否则会引发他们倚老卖老的心理。在这方面华为的做法很值得借鉴，按照华为的制度，45岁即可退休，虽然退休但仍可得到分红，仍有股份。华为这样做，无非是平衡公司的一些元老，让他们既有好的归宿，又不影响企业发展。

62. 与员工共情

共情是一种力量，也是一种能力，被誉为是温暖别人的阳光。身为管理者不要天天眼里盯着员工的错误，而是要换一种角度去和员工同频，也就是真正与员工共情，这样才能走入员工内心，激励员工。

共情就是有同理心，能够理解并支持对方。"情商之父"丹尼尔·戈尔曼说，共情，是情商的核心能力，也是人类天生的能力，但一直没有受到应有的重视。共情可以让人与人之间从情绪、认知、观念等方面建立起"连接"，达成共鸣，让沟通更有效。

没有共情能力的沟通被归为"情商低"，因为人们对于"共情"的需求就是希望自己被看到、被理解、被接纳。而这些都是建立良好沟通的前提。

【案例】

有一家公司开会，领导讲话水平很高，热情澎湃地在台上讲着，眼看快12点了依然没有停下的意思，下面员工都想着午餐时间到了该去吃饭了，但碍于领导只好都假装很认真地在听。领导也没有顾及在场的员工，又持续讲了半个小时才结束。当大家走出会议室时，都在议论领导的讲话"又臭又长"，把大家吃饭的时间都耽误了。可见，领导虽然是个讲话高手，但却不是一个沟通高手，因为他没有站在员工的立场去共情，他只顾自己讲得嗨，却忽略了员工错过了饭点儿。

共情是要你真的能站在对方的立场看问题，真正能够"感同身受"，那样你的安慰也好，出主意也罢，对方才能听进去。怎样建立共情呢？可以练习揣测他人的情感，也可以尝试与对方产生情感共鸣。不过要注意，表达共情的要点并不在于你说什么话，而在于运用好面部表情和说话的语调。你的声音和面部表情跟随对方的情绪变化，只有这样对方才能真正感觉到你理解了他。

比如，员工说："我好累啊，写了一上午报告。"不懂共情的领导会说："那报告写完了吗？"懂共情的领导就会说："是哦！你脸色好像都不太好了呢，看来是在工作上加大了马力，适当休息一下再弄吧。"

由此可见，共情有一个重要的前提，那就是让对方感觉到你与他是同一阵营的，因此话语里要尽量多说"我们"少说"我"。"我们"和"我"，虽然仅一字之差，但"我"表明说话者关注的是自身，是站在自身立场看待问题，而"我们"则表明说话者关注双方，是站在双方共有的立场看待问题。很显然，后者会让对方产生一种认同感和亲切感，感受到彼此是共同体。那些成功的管理者其实都是擅长用共情的方式处理与员工关系的高手，通过与员工共情，他们往往能和员工打成一片，从而激发员工的能量，让他们去完成更多更好的业绩。

八、竞争激励：
有比拼才不懈怠

63. 用末位淘汰制绷紧员工心弦

末位淘汰制是竞争激励中具有负激励性的强制管理手段。其基本原理是企业根据某种绩效评估体系对员工进行考核，对排名末位的员工进行淘汰，目的在于给员工一定的压力，激发他们的积极性，通过有力的竞争让整个团队处于一种积极向上的状态，从而提高工作效率和部门效益。

根据管理专家的研究，员工的压力水平与其绩效水平存在一定的关联性，压力过大或过小都会降低绩效，当压力适中时则能达到绩效的最大化。

末位淘汰制的适用范围对参与排序的员工规模是有要求的，大多数人表现中等，表现很好和表现不好的人都是少数。对岗位也是有要求的，不同的岗位要求不同的"淘汰"制，多适用于一些低技能要求的岗位。末位淘汰制多适用于创业之初的企业，管理上比较混乱的时期。

通用电气集团前总裁杰克·韦尔奇借鉴这种制度创造了"活力曲线"绩效管理机制，即按照工作表现把员工分为不同等级，排在末位的那一等级的员工就会被解聘。由于杰克·韦尔奇设计的末位淘汰制往往会淘汰表现最差的10%员工，故而又名10%淘汰率法则。通用电气推行末位淘汰制后，不仅使员工的整体工作效率有了大幅度提升，整个集团的效益也获得了极大的提升。20世纪90年代，中国企业也开始引进这种机制，以求激发组织的活力。

【案例】

某公司属于大型公司，机构臃肿，人员懒散，引入了末位淘汰制，将

10%低于期望的人列为淘汰范围。这个竞争激励一出现，立刻激发了公司的内部竞争，使得员工都非常努力地达成绩效考核目标。在没有引入末位淘汰制的时候，全体员工都有保底的薪资福利，努不努力干活结果差不多，久而久之大家的奋斗热情就没了。引入末位淘汰制后，全体员工都有了被淘汰出局的压力，这样一来，每个人都为了不成为最后一名而努力工作，工作主动性与创造性都有了很大提升。该公司通过运用末位淘汰制淘汰了冗员，精简了机构，减少了员工利用制度漏洞偷懒的机会。

末位淘汰制作为一种竞争激励，有利也有弊，所以在使用末位淘汰制的时候需要注意以下事项：

（1）末位淘汰制不是企业所有发展阶段都适用，要分时间、分条件、分对象进行，而且在实际的操作过程中要保障公平性，以免员工产生恶性竞争，那样不但无法提升工作效率，还会带来消极影响。

（2）对于技术技能熟练、曾经表现突出的员工采用淘汰制，既是对人力资源的浪费也会让员工觉得太过冷酷无情。所以，在必须采用末位淘汰制的情况下，可以设计重新返聘机制，让被淘汰的员工有机会重回企业。

（3）对行政人员可以实行末位淘汰制，对技术类人员就不太适合使用末位淘汰制，因为淘汰掉技术类员工会增加招聘的成本。

64. 岗位备份，让员工感受到压力

当员工感觉岗位只有自己一个人能做时，就不会产生紧迫感，工作也不会那么积极，因此最好的办法就是制造一个备份，也就是有竞争。这样一旦员工不够努力，他就会担心自己被替换掉，这种紧张感会让员工更加努力地

工作，避免自己被淘汰。

尤其是关键岗位的人才是一个企业的核心，人才备份更有必要，它能有效防止因员工流失引起的损失。做好人才备份，一方面，要强化人才的储备和技术培训，使某项关键技术不只被一两人独占；另一方面，同一技术岗位至少要有2~3人同时攻关。对于非技术岗位的某些重要职位，可采取设立后备人员的培养计划，让这些"替补人员"提前熟悉将来的工作，一旦发生这些岗位人员的流失，候选人能在最短的时间内胜任工作，从而降低由于员工空缺而造成的损失。

如果想要通过岗位备份带给团队成员一些压力，可以对自己的员工讲清楚："从公司发展的角度来看，我们必须做好人才的备份，因为这样才能确保公司在人才领域的可持续性，这是作为管理者对公司的责任，即使是像我这样的高层管理者也需要寻找能备份的人选。公司追求的目标，是要提升每一个人的可替代性。但是，从你们自身和个体的角度来看，你们要尽最大努力做到不被完全备份，要让自己变得稀缺、不可替代，这样你在组织中才更有价值。虽然岗位备份与个人成长存在一定的微妙博弈关系，但是从长远来看，两者的方向是一致的。公司和员工都希望公司整体变得更强，员工个体变得更强。"

这样说，无疑用"岗位备份"提高了员工的价值感和危机感，让他们不断提升自己，避免被替代。

企业可以根据以往的平均离职率，预测这一阶段的离职人数，再根据这一数据，提前从人才储备库中挑选后备人员进行培训，这样就降低了员工离职导致的岗位长期空缺的可能性。

企业如果能充分用好岗位备份机制，就会在组织内部形成人人争先的氛围，充分激发企业与个体的活力。

65. 企业内部竞聘上岗

所谓"竞聘上岗",是指实行考核制度对各级管理岗位的优秀人员进行选拔。如果用于内部选拔,则为内部竞争岗位。企业全体员工,无论岗位水平、贡献大小,都将站在同一起跑线上,重新接受企业的选拔和任命。同时,员工也可以根据自己的特点和岗位要求,提出自己的选择期望和要求。

内部竞聘上岗不仅关系到企业人才的获得,还关系到企业员工的积极性问题,根据竞争、公开、平等择优的原则,对符合某个岗位要求的所有竞争者进行同样程序和标准的考核,从中选出表现最突出的竞争者,以此来达到竞争激励。这样不但能够拓宽企业人才选拔的范围,还能给内部员工公平竞争的机会,激发其积极性。

【案例】

海尔的"人单合一"模式中有三类员工,分别是平台主、小微主和创客。每个员工都是一名创客,员工自由组合,在内部抢单竞聘成为小微主;但成为小微主并非一劳永逸,如果项目运行过程不理想,小微主难以胜任,就会遭到淘汰。在海尔,不仅小微主通过内部竞聘产生,而且其他任何空缺的岗位也都会在公告栏统一贴出来,同样采用内部竞争的方式由员工通过竞聘产生。

在实施内部竞聘上岗的时候,有以下注意事项:

（1）竞争上岗领导小组由企业内部领导层、人力资源部、外部企业领导或人力资源专家等组成，以保证竞争上岗的公平性和顺利展开。

（2）制定竞聘上岗实施方案，包括报名资格、参与程序、各阶段安排、考核方式等。在方案形成后，需要在企业内部征求意见。

（3）提前在企业内部宣传，鼓励符合条件的员工积极参与，明确具体报名时间和资格审查。对审核通过的人员进行公布，对未通过的人员进行反馈并解释原因。

（4）竞聘上岗的过程包括工作绩效评估，对竞聘者进行民意调查，以及最后进行统一笔试和面试两个部分的考试。考试结束后进行分数统计，核对无误后进行汇总，以计算出每个参与者的最终得分。

66. 引入鲇鱼式人才，激活团队潜力

在管理学中有一个理论叫"鲇鱼效应"，该效应源于一个故事：挪威人喜欢吃沙丁鱼，尤其是活鱼。因为市场上活沙丁鱼的价格要比死鱼高许多，所以渔民总是千方百计地想让沙丁鱼活着回到渔港，不过很多渔民的努力都以失败告终，因为在返港途中，总会有很多沙丁鱼因窒息而死亡。尽管这一现象已经成常识，但却有一条渔船能让大部分沙丁鱼活着回到渔港，原因船长一直严格保密。后来直到船长去世，谜底才被揭开。原来，船长在装满沙丁鱼的鱼槽里放进了一条以鱼为主要食物的鲇鱼。鲇鱼进入鱼槽后，由于环境陌生，便四处游动。沙丁鱼见了鲇鱼十分紧张，左冲右突、四处躲避，游动加速。这样一来，一条条沙丁鱼便活蹦乱跳地被带回了渔港。这就是著名的"鲇鱼效应"。

"鲇鱼效应"用在企业管理中会刺激一些员工活跃起来，积极参与竞争，从而带动全体员工。

【案例】

日本本田汽车公司曾面临这样一个问题：由于员工太多，人浮于事，但直接开除不干活的员工不现实，于是公司决定借鉴"鲇鱼效应"，通过引入一些外部成员加入公司，来制造一种紧张气氛，激活员工的积极性。管理者首先从销售部入手，从外面挖了一名实干型人才接任公司的销售经理一职。上任以后，这位销售经理凭着丰富的市场营销经验和过人的学识，让销售业绩提升了一大截，受到了销售部全体员工的好评，员工的工作热情被极大地调动了起来。从此以后，本田公司每年都会重点从外部"中途聘用"一些精干的"大鲇鱼"，来搅动公司的"沙丁鱼群"。

不过"鲇鱼效应"并不是一种特别好用的激励方法，应该归为负激励范畴。在使用的时候有以下注意事项：

（1）应用"鲇鱼效应"要具备条件。比如企业员工的状态已经许久没有变化，员工的消极状态已经明显影响到团队目标的实现，只有这样才有必要使用"鲇鱼效应"进行刺激。

（2）鲇鱼式成员可以先从内部选择，然后再从企业外部寻找。如果一开始就盲目从外部引入，内部员工看不到晋升的希望，会被磨灭进取心，严重的情况下还会选择离职，给企业带来人才流失的风险。所以，先从内部进行选择和培养，是明智的选择。

（3）给鲇鱼式人才一个好的归宿。鲇鱼式人才往往业绩突出，地位优越，待遇优厚，难免会让其他员工忌妒，因此，组织如何保护这样的人才也是重中之重。等"鲇鱼"完成了刺激团队成员的任务后，需要给予其更高层次的晋升。这样不但对于以后引进鲇鱼式人才有保障，还能对公司内部员工起到激励作用，让大家明白，只要有才华人人都会得到晋升。

67. 用积分排名的方式刺激员工竞争

积分制管理是以绩效管理理念为前提，对员工的个人能力、工作业绩、日常行为等用奖励或扣罚的方式进行全方位量化，并借助信息化手段在组织内广泛使用的一种管理方式。

排名在前的员工能感受到自己被认可和重视，获得自尊心的满足，从而提高工作积极性和创造力。排名靠后的员工则感受到集体的压力和竞争，从而激发动机，促使其更加努力地工作，争取获得更高的排名和更多的认可，从而提高工作绩效。

根据每个部门、每个员工所挣得积分的多少来进行排名，实质上是通过积分排名在企业内部对员工进行一个由高到低的排名。这样可以激活那些在工作上懈怠散漫、停滞不前，对工作敷衍了事、不思进取的员工的竞争意识，使他们积极改变工作态度，转变工作方式。

【案例】

某公司发现销售部门和运营部门的员工工作不太积极，于是选择在第二季度结束的时候"晒单榜"，晒出各部门积分的排行榜，并通知下一季度对榜单上的高分或者低分部门进行额外的奖励或惩戒。贴出榜单不久，管理者发现那些处在榜单末尾的部门的活跃度有了显著提高，而在榜单排名靠前的那些部门的数据表现得也更好了。

某销售总监为了激发团队员工的积极性，以满足员工更多的物质需求，提升员工在企业中的稳定性，决定实行积分制激励法。其销售员岗位设置积分指标共计150项；每完成一项奖励2分，违反一项扣除2分。积分指标设计原则：将员工的日常行为规范作为积分指标。每位员工根据工作岗位、入职年限设定固定积分，在固定积分基础上增减积分，如果员工的积分被扣除到零分，则开除该员工。积分原则：凡员工完成了积分指标中规定的行为，则给予对应的积分，当员工的积分达到相应的奖励标准时，员工可以用积分兑换奖励。扣分原则：凡员工违反了积分指标中的规定，则扣除相应积分。

使用积分制激励员工，虽然不像实物奖励，但却可以通过激发员工的内在动机和外在动力，有效提高他们的工作积极性和创造力。不过在使用这种方法时，最好确保公平性和透明度。

积分制的设计要根据企业的实际情况进行，一般来说，积分分为固定类积分，如学历、职称、职务、技能、特长、工龄等；任务类积分，如团建、年会、庆典等；临时类积分，如员工完成工作给予的积分等。除了积分之外还要有扣分项，注重导向性，鼓励什么就给予奖分，限制什么就给予扣分，并做到合情、合理、合法。

68. 任期考评激励，能者上，庸者下

海尔集团首席执行官张瑞敏在谈到如何选人用人时曾说过："能者上，庸者下，平者让。"意思是让有能力的人担当要职，让能力一般的人不要占据重要岗位，从事一般性的工作。后来这句话被很多管理者奉为用人选人的智慧宝典。

如何区分能人和庸人，离不开考评，这不但是智慧的用人机制，也是对员工的一种竞争激励，能够很好地调动员工的积极性，提高员工的工作效率。通过这种竞争激励，企业能够选出标杆性的人才，并对其进行奖励和提拔，让大家学习，调动大家的积极性，激活大家的竞争意识，让安于现状、不思进取的"平庸之人"感到压力，从而紧张起来、积极起来。

【案例】

作为全球著名的咨询公司，麦肯锡的"UP OR OUT（不升职就离职）"的任期考评的人才激励机制就很具代表性。一旦进入麦肯锡，人员的晋升与出局就有了严格的规定：从一般分析员做起，必须经过两年左右的考核合格后才能升为高级咨询员，之后再经过两年左右的时间考核才有资格提升为资深项目经理，而这又是晋升董事的前身。此后，再通过专业的业绩审核方可升为董事。所以，一个勤奋、有业绩的普通员工可以在 6～7 年内做到麦肯锡董事。但是在每一个晋升阶段，如果业绩考核没有达到要求，就会被 OUT（离开麦肯锡）。当然，在晋升考核中不仅要看业绩，还要看其所拥有的团队领导力。因此，在麦肯锡，所有员工获得的机会都是公平的，但只有勤奋才有机会晋升，这就达到了很好的激励作用。麦肯锡现在有 700 多位合伙人。毫无疑问，他们是麦肯锡最优秀的员工，也是麦肯锡的管理者和老板。但这并不意味着他们具有了终生在麦肯锡工作的保障。每年，麦肯锡都会从这 700 多名合伙人中选出十几位合伙人组成评审小组，对每位合伙人的业绩进行考查，如果未达到要求，同样会被请出局。

对于任期考评激励方法的应用，需要注意以下事项：

（1）不能完全以业绩论英雄，人才要既有才又有德，既能为企业创造价值，又不会做出损人利己之事，德才兼备的人才能得到重用。

（2）有能力的员工往往具备危机和忧患意识，他们会逼迫自己进步。对于实在无用的"老弱病残"类的员工果断淘汰出局，让斗志昂扬者继续留任或晋升，这是企业必须面对的现实。

（3）能者上需要有灵活的用人机制，不要"论资排辈"。要以"所干之事出实绩，所创之业皆认可"为标准，弱化能者的"身份"，强化其"事业"。允许有想法、有能力、有担当的领导干部自主选岗、良性流动，保护有能力的人的竞争积极性。

（4）庸者下也需要细化考核内容，不要轻易淘汰。如果必须淘汰的话，在淘汰员工以后，要给员工补偿。要明白，员工在你的企业虽然不胜任，但不代表他一无是处，一定不能忽略了他曾做过的贡献。尤其对于被淘汰的员工，一定要进行补偿和安抚，让他们心平气和地离开企业。

69. 抓住员工的"好胜心"进行激励

人人都有求胜的心理，尤其是在一个团队中，每个人都希望自己在团队里比别人做得更好或者更受领导的重视。如果管理者能够抓住员工的"好胜心"进行激励，能够调动员工的积极性，使其与内部同事展开竞争，或整个团队与别的公司展开竞争，都能够达到预期的激励效果。

一般竞争的形式可以分为内部与外部两种。内部的竞争可以选择个体与个体之间进行竞争，也可以选择小组与小组之间进行竞争。管理者将员工分成不同的小组，然后每个月对小组的工作成绩进行汇总，评比优秀小组和优秀员工，以此来激励成绩较差的小组和员工。采用组与组之间的竞争方式，有助于增强小组成员之间的凝聚力和向心力，提升成员在小组内的责任感。

具体竞争内容可以是业绩竞争、岗位竞争。

【案例】

某家具销售公司近期推出了几款新产品要打入市场，为了让产品快速抢占市场份额，提高销售额，销售总监决定对员工进行内部比拼。把销售部门分成了三个小组，并给各个小组都取了表示信心满满、拼搏向上意义的名字。竞争内容是业绩竞争，期限是两个月，最后根据业绩多少给予不同程度的绩效工资和团队奖。公司设定了三个等级的绩效工资标准，分别是每人 10000 元、7000 元和 5000 元，三个小组的销售业绩排名对应这三个等级的绩效工资。比拼开始时，销售总监对旗下几款新产品的销售量进行指标量化，员工依旧以业绩作为考评的指标，但每个小组的新款产品销售量必须要达到一个固定值，且不允许员工低价销售新款产品。如果有低价销售新款产品的，扣除当月绩效工资 5%。

员工们都有好胜心，都希望自己的小组能够领到一级绩效工资，所以各自都使出了浑身解数，不到两个月的时间，新款家居的销量已经超出预期。

对于内部竞争激励方法的使用，要坚持以下三个原则：

（1）公平。管理者无论制定什么样的竞争内容和竞争方式，都要坚持公平原则，确保不偏袒员工中的任何一组或任何一方，只有让他们在公平的环境中合理竞争，这样的胜出才能达到激励员工的目的。要积极鼓励他们明争，而不是暗斗。

（2）跟进。竞争方式和内容制定以后，还要对竞争的实施进行跟进，如果员工出现为了求胜而恶性竞争的话，管理者要及时找到相关员工进行沟通，防止"竞争变质"，引导员工回到良性竞争轨道上来。

（3）兑现。当有了竞争结果时，要及时兑现承诺，该给的奖励要第一时间给到员工，这样才能激发他们更高的斗志。

70. "分槽养马"

管理员工时，不能安排两个有本事的人去做同一件事，要依据不同员工所擅长的领域，分配不同的职责。

【案例】

在小说《水浒传》中，宋江和卢俊义两人都非常有能力，都有资格担任老大的位置，只不过大多数的梁山好汉都倾向于宋江做老大，卢俊义也认识到了这一点，但是他也不想将老大的位置拱手相让。于是，宋江便提出了各自为战的方法，两人分别攻打东平府和东昌府，谁先取得胜利，老大的位置就是谁的。这个办法完全考验个人的带兵能力，卢俊义自然没有理由拒绝。他们的这种各自为战，并不是不够团结，而是保全二人的最佳办法。这是因为二人的能力都非常强，如果硬凑在一起打仗，那么肯定会出现意见相左的情况。到时候互相斗气都是小事，就怕因为一时不服气而在战斗中失去了理智。

一家公司里有两个能力相当的销售主管，他们最初在一个小组，平时总是你不服我、我不服你的状态。公司管理者开始以为这样的状态挺好，两个有能力的人互相竞争，业绩就能有保障。可是好景不长，由于两个人都争强好胜，私下里各自笼络销售人员各自为政。最后竟然因为一单生意引发了两队销售人员的激烈冲突。管理者发现不能继续放这两个人在一个部门，于是将其中的一个调到了运营部。从此，留在销售部的那个一门心思带着下属做销售，在运营部任职的那个也不再心生不爽，而且见了销售部的那位还特别客气。

所以，在一个团队中，即使要进行竞争激励，也不要安排两个能力相当的人去做同一件事，否则难免会产生攀比和妒忌，形成内斗，耗费人力财力。对于能力一般的员工，可以让他们共同负责一项任务，有利于促进他们的成长，待到他们成长为可以独当一面的时候，再进行"分槽饲之"。

在"分槽喂马"的过程中，还有一个如何进行搭配，使每个人才相得益彰而不是相互妨碍的问题。这就需要管理者对"千里马"有深刻的洞察力，最好使他们彼此所负责的事务具有互补性。

当然，凡事不绝对，如果一个管理者就想让两个有能力的人在一起竞争，前提是必须有控制他们的手段，否则，高手之间的竞争往往具有毁灭性，如果没有把控能力，往往会让两个能力强的人因为过度竞争而产生两败俱伤的结果。

71. 自诺激励，让员工立下"军令状"

自诺就是自我承诺，简单理解就是一个人在别人面前夸下海口，目的是通过外部的压力来激励自己。比如，生活中常见人们在朋友圈给自己定目标，这就是自我承诺的一种简单形式。在企业管理中，也可以通过让员工自我承诺进行激励。

一个人的自我承诺往往是事情成功的开始，因为敢于进行自我承诺的人，往往是高度自信的。拥有自信的人，才敢立目标，并通过努力和创新去完成目标。自我承诺是需要员工自主完成的，强加的承诺不仅没有效果，可能还会引起反效果。所以管理者只能是引导。比如，在制定目标的过程中，告知员工自己的目标，然后再让员工制定他自己的目标。员工自己输出的目标，就是他的一种自我承诺。再比如，我们每天的晨会、每周的周会，今天做什么、什么时候完成，这些也都是一种对外的自我承诺。

【案例】

某销售公司为了激励员工，要求每名员工年初制订本人业务承诺计划，并向公司立下"军令状"。由该员工的直接主管考察他的业绩完成情况、执行力度及团队精神，并给予必要的指导、协助和鼓励。在执行计划的过程中，员工可以向管理人员提出完成任务所需的建议，管理人员为员工提供各种所需的资源。如果发现员工的业务承诺过高或不切实际，再或者是定得太低没有挑战性，管理人员会及时跟该员工进行交流，以便帮助其做出更为实际的个人业务承诺计划。最后，管理人员协助员工制定单一既定的目标，鼓励他们充分发挥潜能和创造性，努力完成定下的承诺。

在 IBM 公司，每位员工的工资涨幅都有一个关键的参考指标，这就是个人业务承诺计划。制订承诺计划是一个互动的过程，员工和直属上司坐下来共同商讨，立下一纸为期一年的"军令状"。到年终，上司会在军令状上打分。

对于自诺激励的操作方法，有以下几个注意事项：

（1）让每名员工根据阶段目标制订计划。

（2）让员工提出建议，管理者为员工提供资源。

（3）管理者不能给员工制定太多目标，而要鼓励他们充分发挥潜能和创造性。

（4）将自诺与自惩结合起来，能起到更有效的激励效果。

72. 巧用激将法激发员工斗志

团队中不同的员工有不同的个性，但相同的是大家都有逆反心理，越不让干什么偏想干什么，尤其是气氛激烈的情况下，对于那些脾气急躁又喜欢争强好胜的人来说，激将法不失为一种好的激励方法。

有时候与其苦口婆心去劝说下属不如给其刺激或贬低，从而激发起对方的自尊心、自信心，使其重新振作。当然，激将法不是拿来就用，是有策略的，如果用得不好会产生反效果。

【案例】

史密斯在美国担任纽约州州长的时候，当时的新兴监狱管理混乱、臭名昭著，那里缺一名看守长，急需一位铁腕人物去管理。一番选择后，史密斯觉得劳斯是最适合的人选，便召见了他。当劳斯听说让他去当看守长时，心里暗暗叫苦，因为这个监狱难以管理都出了名，谁都不愿意去。史密斯看出了劳斯的心思，于是激将说："年轻人，我知道你担心和害怕了，我不怪你，这么重要的岗位需要一个重量级人物才能挑起这副担子。"劳斯被史密斯这么一激，一下来了劲头，欣然接受了这副担子。他上任以后，对监狱进行大胆改革，尽力做好罪犯的帮教转化工作，后来他成了全美国最具有影响力的看守长。

使用激将法，有哪些注意事项呢？

（1）管理者要有强大的识人本领。在使用激将法之前，必须了解你的下属是什么性格的人，如果你的下属性格像张飞你可以激，如果像关羽就不要去激了，前者争强好胜，后者自尊心太强容易被挫伤。另外，还要看你的下属能力有多大、思想觉悟有多高、心理偏差有多大、个性潜能能够发挥到哪一层次等，这都是使用激将法的基础。有些人的心理承受能力有限，不堪一击，对待这一类人切不可使用激将法。

（2）激将法虽然是去攻其弱点以激发别人的反弹，但还是不能直接说弱点而要先夸其优点，只有让对方先产生信心才有接下挑战的可能。如果管理者眼中看到的下属全是弱点而没有强项，激将法很容易打击得对方一蹶不振，甚至有的人变成了死猪不怕开水烫的样子，此时激将不成反倒成了打击。

（3）很多人激将，只是把将激起来了，但是却没有告诉他你的目的是什么，他就无法按照你的目的来做事情。比如，你想让一个员工完成某个任务。这个时候，你就可以说："就你，肯定完不成这个任务，这个任务的目的是××，你能完成吗？完成了我佩服你，不过呢，你肯定完不成。"在激将的背后要明白自己的真正目的是让被激者去完成任务和目标，所以不要盲目激将。

73. 科学合理地进行绩效考核

奖惩激励中有一种模式，那就是绩效考核。关于绩效考核，重点要关注的不是考核而是员工被激励，考核的过程是工具，激励才是绩效考核的灵魂和核心。直接考核而忽视了激励的话，员工会排斥；反过来，如果没有考核而只有激励的话，老板也不愿意，因此，绩效管理应该把激励和考核协同起来，融合运行，激励第一，考核第二，公司替员工着想，员工才会为事业奉献，为目标努力。

很多企业羡慕别的企业可以根据考核制度来激励员工，使员工做事很积极效率还高，即使干的活儿多也不抱怨，离职率还低。原因就是人家的考核机制设计得好。

【案例】

海底捞的考核偏向于过程考核，为此海底捞专门制定了五色卡标准进行考核，五色卡分别为：红卡、黄卡、白卡、绿卡和蓝卡，红卡是服务卡，黄卡是出品，白卡是设备，绿卡是食品安全，蓝卡是环境卫生。黄卡、白卡、绿卡和蓝卡是可以被量化的，但是红卡是非常难被量化的，所以红卡考核的只有服务的态度和速度，又分为上菜速度、买单的速度和出现客人投诉处理的速度。怎么考核？海底捞的考核体系全部都是由上级考核下级。让店长的直接上级随时去店中巡查，而考核的方式，主要是看客人的满意度以及员工的仪容仪表、工作状态等。海底捞也是靠打分来实现考核的有效落地的，如何打分？考核过之后就要打分，每个区打的分值不一样，所以就采用绝对值判断分为 ABC 三个等级。

这个考核出来之后，海底捞每个店的分数都在上涨，因为大家已经跑起来了，相当于大家互相在竞争，因为不知道分数排到第几才会赢的时候，员工就会努力地提高绩效的分数，就会各方面都做好，所以这个排名不需要做得最好，但是一定要比别人做得好。绩效考核的高明之处，就在于它已经把管理者的管理思路变成每个员工的自觉行为，让员工都积极自觉地去达成高要求。

所以，真正的企业考核设计是要达成一个目标，通过激励手段让员工产生动力，从而实现自主自愿去行动起来，最终才能产生不一样的绩效，我想这才是绩效考核的意义所在。

九、认可激励：
不同类型的员工不同的认可

74. 认可"行为"也认可"人"

每个人都希望自己所做的事被别人认可，希望自己被肯定，员工更是希望上司能够看到他们的付出和努力。如果员工被认可，他们就会充满活力，充满干劲儿，更加具备主人翁意识，工作一定更积极主动，能为顾客带来更多更好的服务体验，自然地也就能为公司创造更大的价值。

认可激励既要认可员工做的事，也要认可员工本身，一个人如果经常得到认可和好评会提高个人生产力，获得客户更高的忠诚度和满意度。即使对于低薪的员工而言，给予他们认可，也比直接给他们钱更有效果。

一般管理者认为，给员工提供更高的薪酬、更好的物质待遇就可使员工努力完成工作，就能够达到激励的效果。当然，物质的激励是对员工最基本的激励，好的薪酬制度的确能留住优秀人才，也能让员工更有主人翁意识。但这只是一个方面，另一种激励却是长期的，就是让员工感觉到自己的价值，这就是认可的力量。

当员工完成了某项工作时，最需要得到的是上司对其工作的认可。管理者对下属的认可是一个秘密武器，当下属做出优异的成绩或者取得了哪怕是微小进步的时候，上司不妨发一封邮件给员工，或是打一个私人电话祝贺其取得的成绩，或在公众面前跟他/她握手并表达对他/她的赏识。哪怕是员工再小的表现，只要是好的，若能得到认可，就能产生激励的作用。

管理者需要让团队成员知道他们做的工作是有意义的，并且自始至终地认可和欣赏他们的努力，每天只要抽出一点时间来赞扬员工，对于整个团队的工作就可以起到很好的激励效果。

【案例】

餐饮集团西贝在认可员工方面做得很具有参考价值。一位50多岁在西贝唱戏的老太太,被西贝领导贾国龙提升为店长,几经磨砺,从居无定所的北漂,逆袭成为几十家西贝门店的分部老板,在北京安居乐业,年收入千万;一个社会最底层的厨子,几欲出家和轻生,在旁人眼里是一辈子讨不到媳妇的贫苦孤儿,在西贝命运反转,不仅有了奔头,一步步地走上职业晋升通道,还拥有了甜蜜伴侣;一位知名媒体人、管理顾问,创业低谷时遇见西贝,一步步地"越陷越深",从外脑变内脑,如今操盘整个西贝数字化和新餐饮布局。

西贝的贾国龙曾经说过,西贝的愿景是全球每一个城市每一条街都开有西贝,随时随地为顾客提供一顿好饭,因为西贝,人生喜悦。要实现这个愿景,靠钱砸不出来,资本、设备乃至食材都好复制,但最难复制的是人——一个个动力十足、训练有素的操心小老板和一线员工。正是这种认可和激励,让西贝的员工有了满满的动力和信心。

好的认可激励,不需要花多高的成本,但是需要业务领导者花心思。业务领导者必须发自内心地认可,并让被激励者有被"定制激励"的感觉。先把员工当成客户一样对待,让他们得到极致的体验,让他们的工作得到充分认可,他们才能把这份"用心"回馈给客户。

对于认可激励的使用,有以下几个必须遵守的原则:

(1)认可要及时。当员工做出超出业务和领导者要求的表现,并且主动担责时,领导要给予及时的正向反馈,而不要把认可积攒在月度或年度会议上。认可表达得越及时,产生的激励效果越明显。

（2）让员工明白认可的标准是什么。认可别人也要让人知道为什么得到认可,要明确员工的哪些贡献和哪些行为与组织的价值观吻合。当团队明确了激励的标准和理由后,就会认定业务领导者对所有人的工作评估都是公正的,认可的都是员工"行为"所达到的标准,从而让认可发挥更大的价值。

（3）认可要具体。口头上的认可虽然也有效果,但远不如定制化的认可更能打动员工的心。某公司的一位单身女性主管经常加班加点,全国各地出差,谈恋爱的时间都没有,成了人们口中的"白骨精",但她工作态度认真负责,年度表现特别优异。年终她收到了公司发放的一份"特殊"礼物——某婚恋服务网站的VIP会员卡,并且还附上了团队手写的感谢卡,上面写着:"感谢一年以来你对公司的贡献、对团队的帮助。工作从来不是以牺牲生活为代价的,衷心祝愿你在生活中能够找到那个对的人,代我们去宠溺你……"卡片上签上了团队中所有人的名字。这种细微的观察和发自内心的关怀,可能会被这位主管记住很久。

（4）认可要真诚,不要充形式走过场。如果是敷衍式的认可,不如不认可。表达认可要有针对性,针对员工做得比较好的部分给予赞美或感谢。员工能够看出领导者是真诚认可还是装模作样。无论是对工作的认可还是对人的认可,不要泛泛而谈,要描述员工工作中的具体行为或亮点。

75. 不同类型的员工,认可方式大不同

人们喜欢被认可是正常的心理需求,但对于认可激励,不同的人需要使用不同的方式,因为对有的人适用的认可,对另一个人也许就不太适用。由

于员工具有性格特质差异，管理者需要了解每个员工的性格特征，以便为他们提供最适合的工作环境和任务。例如，对于具有个性严谨、善于计划和组织的员工，可以让他们负责项目管理或制定质量控制等任务；对于有创新思维、善于解决复杂问题的员工，可以让他们参与研发或策略规划等工作。通过这种方式，员工可以在他们擅长的领域中发挥最大的作用，提高工作效率和满意度。同样的道理，对于不同性格的员工，所采用的认可激励方式也是不同的。

【案例】

王峰是一家跨国医药企业在北京地区的管理者，公司一直在倡导专业化、学术推广。在最近的一次大型学术会议筹备期间，大家工作量都很大，但是工作气氛非常好，员工士气高涨。王峰仔细寻找原因后，发现两个人功不可没。一个是叶小北，在忙碌了一周后大家都有点疲惫，压力也很大，在此时，叶小北在开会时给大家带零食，活跃气氛。另一个是安小楠，她用截然不同的方式做出了同等重要的贡献，她主动帮助大家设计了学术会议筹备的甘特图，让每个人清晰地知道项目的进度和每个人的工作事项。学术大会结束后，王峰把大家聚集在一起庆祝团队合作成功，并特别表扬了叶小北和安小楠，他说："小北和小楠都非常出色，如果没有他们，我们的学术会议可能不会这么顺利。让我们为他们热烈鼓掌吧！"叶小北被表扬后笑容灿烂，享受着大家对他的赞扬和关注。而安小楠表现得很平静，只微笑着说了句谢谢，几分钟后就继续忙自己的工作去了。在接下来的一段时间，王峰注意到叶小北的工作热情高涨，日常拜访客户效率也提高了，同时愿意主动学习产品信息。而安小楠的状态似乎不太好，拜访效率下降，相当消沉。王峰陷入了深思：为什么会这样呢？

案例中，之所以对于同样的认可两个员工表现迥异，就是因为他们的性格特质是不一样的。所以，认可没有什么是最好的，而应该看什么才是对某个员工最合适的。

企业中的员工可以分为四种类型，概括起来就是 DISC。

D 支配型。这类型的员工所呈现的特点是关注事，注重目标，行动快，反应迅速。他们属于急脾气类型，善于掌控局面。这类员工有能力、有大局意识，所以对他们的认可不能仅仅是口头上的表扬或认可，更需要定制化的，需要能够打动他们的大的认可。比如，独立工作的机会，授予他向别人下达指令的权力、晋升的机会等。

I 影响型。这类型人语速快、表情夸张、肢体语言丰富，喜欢标新立异，追求与众不同；情绪波动大，来去如风，做事快速不拖拉，有时难免会粗心大意，但这样的人有很强的影响力，能够带动和感染气氛。这样的员工一般能力较强，有一定的决策力，但需要不时地给予支持和鼓励，让他以团队合作的方式组织任务，倾听他的想法、感受、创意，在公开场合热情洋溢地认可他的成就。这类型的员工要认可他们的做事风格和不拖延，让他们知道自己的优势在哪里，便会持续性地发挥优势。

S 支持型。他们所表现出来的特征是语速慢，爱铺垫，难免啰唆，性格上多逆来顺受，关注别人依赖团队，具有较强的合作能力，抗压能力较强，创新能力不足；在与人协调方面有耐心，更愿意倾听。支持型员工在每个公司所占比重较大。对于这类型员工要认可他们的合作精神和耐心仔细。另外，在工作中为 S 型员工提供良好的支持、安全有保障的工作环境，对他们也是极大的激励。

C 遵从型。他们所表现出来最大特征是善于思考，习惯严谨的逻辑表达，如使用"因为……所以"等句式，对人对事爱憎、黑白分明，情绪波动不大，比较冷静，重视规则和逻辑，对事情力求完美、高标准、严要求，善于研究和分析。对于这类型员工的认可，要给他创造展示技能的机会，认可他为高质量工作付出的努力；如果能为他提供一套他认可的有利于长期成功、逻辑性系统化的工作流程，对 C 型员工是莫大的激励。所以，认可 C 型人在事情上的成就会对他有更大的激励，当然也要认可他的大局观，更要认可他对公司的整体贡献。根据上面的分析，大家是不是可以猜到案例中的叶小北和安小楠在受到同样的表扬后，为什么反应不同了呢？没错，叶小北是 I 型，喜欢受到公开场合的表扬；安小楠是 C 型，私下的表扬；更具体的细节、书面的正式表扬更适合她。

76. 赏识员工是更大的认可

赏识是更大程度的认可，既带有表扬的成分，还有仰慕和尊重。能被领导赏识，得到老板的器重，进而成为老板的"左膀右臂"，或许是每个员工内心最渴望的事情之一。而且，能被领导赏识恰恰是个人某方面能力的体现。因为这不仅是对自己工作能力的肯定，更是拓展了自己的职业生存空间，为自己的进一步发展提供了一个良好的平台。

某大型公司的一个清洁工，本来是一个最容易被人忽视、看不起的角色，但就是这样一个人，却在一天晚上公司保险箱被窃时，与小偷进行了殊死搏斗，保全了公司的财产。事后，有人问他为什么那么勇敢地与小偷搏斗，答案却出乎意料。他说："当公司的总经理从他身旁经过时，总会不时地赞美他'你扫的地真干净'。"就这么一句简简单单的话，使这个员工感动，并不惜用生命保护公司财产，足见领导赏识一个员工的力量。

在《杰克·韦尔奇自传》一书中，韦尔奇的便条式管理就是一种非常值得借鉴的管理方式。1998年，韦尔奇对杰夫写道："……我非常赏识你一年来的工作……你准确的表达能力以及学习和付出的精神非常出众。需要我扮演什么角色都可以——无论什么事，给我打电话就行。"在这本书的后面，有韦尔奇1998~2000年写给杰夫的便条。这些便条在完善韦尔奇管理理念的过程中所产生的作用是十分巨大的。这些充满人情味的便条对下级或者是朋友的鼓励是多么让人感动，这种尊重付出，肯定成果和赏识员工的胸怀令多少人自叹弗如。

杰克·韦尔奇说："我的经营理论是要让每个人都能感觉到自己的贡献，这种贡献看得见，摸得着，还能数得清。"当员工完成了某项工作时，最需要得到的是领导对其工作的肯定。领导的认可就是对其工作成绩的最大肯定，也是对下一次干得更好的鼓励。主管人员的鼓励是一个秘密武器，但鼓励的方式十分关键。如果用得太多，价值将会减少，如果只在某些特殊场合和少有的成就时使用，价值就会增加。

好的管理者都会欣赏自己的员工，领导眼里员工是什么样的，他就会变成什么样的员工。那赏识员工有哪些技巧呢？

（1）用积极的态度看待问题。无论遇到什么问题，要相信自己的员工，给他们以信任，领导能积极面对问题，员工才能积极面对问题，有的领导从员工解决问题的过程中发现其优点，这点非常难能可贵。比如，员工工作延迟了，领导却说他在这个过程中能够及时发现问题，同样值得表扬。

（2）善于发现员工的优点。每个人都有优点也有不足，聪明的领导往往能够忽略员工的缺点而发现其优点。注意员工身上的闪光点，并及时给予表扬与肯定，这样才会让他更加努力地工作，从而提高工作效率。

（3）学会聆听。懂得赏识别人的老板，往往通过聆听去发现问题，并且能够给员工提供及时的帮助，让他们感受到被尊重，这样员工才会愿意为你工作。

77. 赞美也要分清楚员工类型

每个人都喜欢听别人赞美自己，而不喜欢听批评，作为团队管理者，要使称赞达到所期望的效果，首先要不吝惜称赞。有位成功的青年领导曾经说过："当今的中上层领导习惯于骂人和警告人，如果能反过来称赞他人，可使对方更有信心，更容易发挥潜能。"赞美的关键在于及时性。当有理由表扬一个人时，一定不要错过赞美的时机！管理者要有一双善于发现"美"的眼睛，以欣赏的态度寻找员工工作中的闪光点。

【案例】

心理学家赫洛克找来一群志愿者，把他们分成4组完成任务，并给他们的任务结果打分，具体情况如下。

第1组"受表扬组"：在每次完成任务后，会受到表扬；

第2组"受训斥组"：永远被批评；

第3组"被忽视组"：既得不到表扬，也不会被批评；

第4组"被隔离组"：被完全隔离，任务完成也不给予评价。

实验结果表明，在这4组中，平均成绩最低的是第4组"被隔离组"，最高的是第1组"受表扬组"。而且，随着时间的推移，"受表扬组"的表现越来越好，呈现稳步上升的趋势。这就是著名的"赫洛克实验"，它告诉管理者：对于工作给予及时评价，能够强化工作动机。而表扬的效果要比批评好，批评的效果，比不给予评价好。

赞美的力量有目共睹，但是赞美也需要注意方式，要注意分清楚员工的性格特征。

（1）D 支配型 / 指挥者，这类型的员工自尊心极高。他们喜欢掌控指挥，他们的驱动力就是成功、成就，对这样的员工的赞赏要简单、直接，同时注意时机。在工作中我们经常会遇到这样的情况，当领导对某个员工表示了认可和欣赏之后，这个员工会感到十分高兴。但是员工的高兴没有转化为积极的工作，因为员工没有将赞美和赏识与工作连接起来。其实，这是因为没有掌握好赞赏员工的最佳时机。当你的团队成员表现出色或完成一项重要工作时，你对他们表示称赞的话，他们会非常高兴地接受你对自己的评价并继续努力下去。这样他们就把赏识与工作联系起来，比空洞地说你工作能力强、技术水平高有效得多。

（2）I 影响型 / 社交者，他们属于乐观且活泼的类型。驱动他们的往往是赞美和认同。对于这类型的员工赞美要真诚，因为只有你发自内心地去赞扬一个人的时候，才能拨动对方的心弦。对于 I 型的人来说，适当的夸大，在公开场合热情洋溢地进行赞扬，会起到极大的激励作用。比如，你夸赞别人人际关系好，在任何场合都能带动团队的氛围，有超强的影响力，I 型人就会非常受用。

（3）S 支持型 / 稳健者，这类型的员工属于坚守信念的一类人，他们擅长倾听，关注承诺。对他们的最好的驱动是安全和稳定。对于他们的赞美，应该着重于他们的贡献和努力。赞赏他始终如一的工作表现、良好的合作意识、支持精神，让他们觉得自己的工作有成就感，从而带给他们更强的工作安全感。

（4）C 遵从型/思考者，这类型员工也属于完美主义者。他们更在意制度和约束力，讲究规则和程序，对不确定的事情往往采取回避态度。对于这类型员工的赞美要翔实具体。在日常工作中，人们有非常显著成绩的时候并不多见。因此，赞美应从具体的事件入手，善于发现别人哪怕是最微小的长处、不大的成绩，并不失时机地予以赞美。赞美用语愈翔实具体，说明你对对方愈了解，对他的长处和成绩愈看重。

78. 让下属有一定自主性

管理的最佳手段是让员工尽可能地代替管理者去工作，如果领导把员工的工作都担负起来，员工的自主性会被剥夺，如此会出现领导忙死，下属闲死的不正常状态。说到底，如果员工没有自主性，要么是激励不够，要么是认可不够，才导致员工能懒则懒，能闲则闲。

管理需要弱化权力和制度，以文化和理念为手段激励员工自主管理，在共同的价值观和企业统一目标下，让员工各负其责，实现员工的自我管理和自主操作，从而激发员工的工作积极性，自觉地完成本职工作，并主动追求最佳方法和最优效率，为企业创造最佳业绩。

【案例】

联邦快递公司对于员工的认可激励就是让员工有自主性，管理者为员工创造极大自主性的工作氛围，主管、快递人员和客服人员的工作弹性都很大。有的高级经理在联邦快递一待就是十几年，最主要的原因是在联邦快递工作可以享有充分的自主权。虽然每个高级经理要管理几百名员工，每天要处理几千个包裹业务，但他们仍然觉得相当独立和自由，只要完成预定的目标，每个人都可以自行决定如何做事。上司不会对员工说工作有问题或干预员工的工作安排。允许管理人员设计独立的训练小组，品管小组和路线安排完全由管理者自己做主。来自一线的员工也同样如此。他们觉得自己有了自主性，而喜欢和人们交谈。只要干好自己手头的工作，领导就会对他们放手不管。即使是货车司机都可以自行决定收件与送件的路线，并和顾客商量特殊的收件方式。在联邦快递，所有的人都有同样的感觉——"工作一点也不会无聊，而且时间过得很快。"

这就是给予员工自主性带来的价值，员工能够实现自主性，才能感受到被认可的力量。给予员工一定程度的自主性，会让员工的自我认同感加强，对企业的忠诚度加深，使员工的主人翁意识加强，最终实现工作更高效、更有质量。一旦员工能够在工作中保持主动性，他们就能极大地投入自己的热情，全身心地投入到工作之中。他们积极主动地去思考方法，解决问题，克服各种困难，同时让自己的工作富有创造性。

那么，如何提高员工的自主性呢？

（1）不能用强硬的管理制度强加式地让员工服从，这样没有内驱力的管理只能暂时起作用，但收效甚微。要通过物质和精神的驱动激励员工，让他们真正热爱自己的工作，主动承担责任。

（2）发现员工与工作的契合点。合适的工作匹配合适的员工，他们才会表现出更大的自主意识，将每一个人放在他们最合适的位置上，给他们安排最合适的任务，让他们的工作更加得心应手。每个人在自己擅长的领域都会眉飞色舞。

（3）为员工提供支持与帮助，让他们把注意力和工作重心集中在关键活动上，帮助员工分析工作重点，集中精力完成关键活动。时间久了，员工就知道自己该如何在最有效的时间里做最能出结果的事情，就会形成自己的工作方法与计划安排。

79. 认可先进员工，也不吝表扬后进员工

一个团队中员工的工作能力不同、资质不同，做出的贡献自然也会有所不同。就像机器上，有关键的部件，也有小小的螺丝。每个员工都需要被认可和鼓励，整个团队才能变得和谐有效率。在采用认可激励方面，既要注重先进的员工，也要不吝表扬后进员工。如果不能对员工一视同仁，不但被表扬者会骄傲，那些没有做出明显成绩的员工会由于得不到表扬，而心生不满，这样的激励不但起不到正向的效果，还会拉仇恨。

【案例】

某公司里新来了一位销售人员，不到3个月就拿下一个500万元的大单，能力确实不错。在季度总结会上，老板当众表扬这位员工，当然也顺带地批评了一下表现平平的老员工，并且强调，大家要向新员工学习。这个员工呢，也是属于那种情商不怎么高的人，当众受到表扬，自然就有些自豪，还非常自信地在会上分享他的成功经验。虽然看上去就是一次正常的季度总结会，但是从那以后，这位新员工无论做什么事儿，都有很多障碍，比如

说组织投标、修订技术参数、提供技术支持等，大家都不配合，搞得他苦不堪言。

作为老板，表扬员工时一定要注意方式与方法，千万不要表扬一个人，打击一票人。正确的做法是在表扬先进员工的同时，也要顺带表扬一下先进员工成长背后的支持者。

如何正确表扬员工呢？

（1）表扬不要含有批评的味道。表扬代表认可，如果不是那么热情洋溢，那么这种认可就会被员工认为有水分，就会起不到激励作用。

（2）表扬是公开树立榜样，掌握不好方式方法就容易给被表扬者树立敌人。所以，如果需要公开表扬，以表扬事来表扬人，以表扬团队来表扬个人，切不可因为表扬了一个人而打击了其他人。

（3）表扬不限于公司内部，可以随时随地进行。可以把表扬当成"见面打招呼"那样简单直接，哪里有辛苦劳作的员工，哪里就要有表扬的声音。员工的心在哪里，表扬就要在哪里，把表扬说到对方心里去。

（4）表扬也需要设计和策划。因为每个人的性格、内心需求和文化背景都不一样，所以遇到性格刚硬的员工，可以先挫锐气再表扬；遇到腼腆的员工，可以先沟通再公开表扬或者选择私下表扬；爱出风头的员工，可以给他一些表现的机会，让他因为得到表扬而出风头。

80. 及时性认可效果最佳

认可激励，作为一种有效的激励方法，不仅能激发员工的潜力、创造力，提高工作绩效，还能促进人才和团队管理活动更高效。在使用认可激励方法的时候，最重要的是及时性认可。

所谓及时性，就是对员工的认可是为了起到对员工的激励效果，使其工作更积极，所以要及时，无论是精神上的认可还是物质上的奖励，兑现都要迅速。很多公司都会对员工的工作成绩进行定期考核，然后根据考核结果给予相应的奖励，如果奖励不及时，员工就会怀疑考核结果的真实性，会让员工对公司不满，这样员工就会对公司失去信任。另外，兑现给员工的绩效工资或奖金迟迟不发放，也会让员工怀疑公司的财务可能出现了问题，严重时还会使员工产生离职的想法。所以，认可要及时，才能提高员工工作的积极性，及时将绩效工资或奖金兑现给员工，员工拿到实实在在的钱，心情舒畅了，工作起来更顺心，工作效率也会因此提高。

【案例】

华为作为一家优秀的企业，在员工认可激励方面做得一直都特别优秀，值得大家学习。华为设置了非常多的主题突出的荣誉奖项，只要员工达到了公司的标准，就会及时进行奖励。这些奖项包括蓝血十杰、金牌团队、金牌个人和明日之星等。任正非本人也非常重视这些奖项，很多荣誉奖项的奖牌和奖杯都是由他亲自确定并且亲自进行颁发。华为公司的每一个奖项都有其设计的目的，并有相应的评选标准。比如说，金牌奖分为个人金牌奖和团体金牌奖，主要目的是奖励为公司持续的商业成功做出重大或突出贡献的团队和个人，是公司授予员工最高的荣誉性奖励。还有天道酬勤奖设置的主要目的是激励长期在外艰苦奋斗的员工，评选的标准包括在海外累计工作10年以上，或者是在艰苦地区连续工作6年以上，或者是全球流动累计10年以上的员工。还有针对新员工的明日之星奖，设计目的主要是营造人人争当英雄的一种文化氛围，针对那些入职不久的新员工，也是一种比较好的奖励。

弹性认可也是企业的一种及时认可。弹性认可，是指企业确定对每个员工福利的投入的前提下，由员工在福利菜单中选择适合自己的福利，可以是各个传统节日的福利，也可以是不定时因为工作完成得好而奖励的福利。认可的及时性主要有几个要点：

（1）认可要及时。领导越早认可员工，员工的行为越容易被强化，会再接再厉地做得更好。

（2）认可要真诚。认可别人不要让人感觉到虚伪或华而不实，要让对方感到是真心实意的。

（3）认可要具体。认可别人做得好的方面要具体指出来是哪些细节，有证据支持，而不是模棱两可或没有根据的，否则会被认为只是走过场或不实在。

（4）认可要直接。不要借别人的口去认可员工，最好的做法是领导亲自或当面鼓励员工，那样收到的效果会更好。

81. 当众嘉奖有方法

有句话说，骂人要私下骂，夸人要当众夸。当众嘉奖也是认可激励的有效方法。当众嘉奖，一般指那些颇具仪式感的表彰大会。当众嘉奖不要单独奖励某一个人，因为每个团队的成绩不是某一位成员的付出，只不过有些付出是显性的，有些是隐性的。这种情况下，如果只嘉奖某一个人，其他团队成员会有剥离感。团队成员中有强有弱，但基本上都处于一个"能量级"，越是在这种差不多的情况下，成员彼此就会因为你强他弱产生嫉妒心理。所以，认可激励中的当众嘉奖也是有方法的。

管理者就好比舰长，团队就是舰队，它的前进速度取决于最后一艘船。对于那些速度快、跑在前面的船，你不必要特意表扬、强调，你一旦这么做，那些最后的船压力剧增，如果差距过大，他们可能自暴自弃。真正应该表扬鼓励的是后面的船。优秀的员工本身就具备自我驱动力，即使没有外在的激励，他们仍会自我激励、奋勇前进。而那些落后的成员，他们没有自我驱动力，需要外界不断的加油鼓劲才能提速。

当众嘉奖的方法有很多，比如营造仪式感就是一种。

【案例】

有一公司，每次想要嘉奖团队成员时，就会发现金，这样不但能让被嘉奖者感受到荣誉，也能让观看的人有所触动，从而促使他们下一次争取。能发现金红包的尽量不要打到银行卡上，这是一种变相激励员工产生"成就感"的做法，虽然同样是领钱，但打在银行卡上就是一串数字，而拿到手里的现金却是沉甸甸的，这二者是完全不一样的。尤其是对那些分红额高的员工，尽量选择通过现金发放的形式，并且要办好仪式来发放。这么做有两个目的：第一让被嘉奖者本人很有感觉，他（/她）上台领奖拿到厚厚的一摞钱时的那种喜悦会让他（/她）变得自信且充满成就感。第二不仅他（/她）感觉好，台下看到的人，会希望明年我也要上台领那么多的奖。给予员工好的待遇是激励的其中一个因素，另一个重要的因素是让员工看到别人的成功案例，从而激发自己的内在潜力和斗志。

当员工表现良好时，如果能够得到他们非常敬重的人及时、真诚、具体的认可，他们会有一种自己很特别的感觉。当然也会存在一些特殊情况，就是很多公司虽然在认可手段、项目、现金替代品以及商品上花费了数百万元，但仍然有大部分员工表示，他们在公司没有得到应有的重视，导致这一结果的原因往往是领导对于员工的突出表现没有进行及时认可。

82. 对员工进行汉堡包式反馈激励

管理离不开激励，更离不开沟通。管理者能够与员工进行高效沟通，本身也是激励的一种。作为管理者，在履行职责的过程中，主要展现管理作为、关系作为两个方面，管理作为多用于对员工的工作指导，关系作为则是与员工日常沟通中建立起来的一种人际关系，起到激励作用。这两个方面无法截然分开。有一种沟通叫作汉堡包式沟通，是指在与员工沟通的时候，先指出他的优点，再说出他需要改进的地方，最后给予鼓励和期待。

在职场中，大多数的员工都知道自己做得好或不好，但面对管理者没有一点肯定的反馈时，就会产生担心、害怕的心理，反而会越错越多，甚至导致关键岗位员工流失。

人人都希望听到认可的语言。所以，汉堡包式反馈法，就像两片厚厚的面包夹着中间的肉，我们把中间的肉比作批评，要给它裹上面粉炸一下。

【案例】

管理者与员工可以这样沟通："小张，你昨天的那个项目实在完成得太棒了，这对于我们团队这个季度的业绩有很大帮助。"再比如："小张，你目前做得非常好，也很努力，一段时间以后一定会有晋升的机会，但是，要晋升到那个位置，分析能力很关键，从目前的汇报文件来看，你这方面的能力还偏弱一些，比如业务机会点的寻找还不够精准，我建议你要尽快加强数据分析的能力，这样会更加有利于你的成长。"

管理者看到某人上班迟到，应该对其说："你一向表现不错的，之前上班都很准时，最近上班迟到了3次，这样对你的绩效考核很不利啊。最近是有什么事吗？如果身体不舒服的话，早点去看医生，如果家里有事，可以跟我打个招呼，我来帮你协调工作的安排。小伙子，好好干吧，不要再迟到哦。"这就是一种汉堡包式反馈法，对方听起来就会觉得不那么刺耳，容易接受。

运用汉堡包式反馈法有哪些关键要点呢？

（1）列出你看到的结果和事实。这些事实不是针对人，而是明确事情的真实情况，并让对方知道这些事实会对公司造成什么影响。比如，我看你今天迟到了，迟到3次全勤奖就会泡汤。

（2）表达你的情绪。比如，告诉对方如果经常迟到会对公司里的其他同事产生影响，并且违反公司的规章制度。比如，你总是迟到我会担心你的工作态度或最近是不是有事影响工作。

（3）解释公司的价值观。比如，咱们公司规定不能迟到，3次以上扣除全勤奖，同时迟到早退会对公司的整体管理产生不良影响。

（4）提出建议。你需要清楚地告诉对方要怎么做，比如，我希望你有事情说出来大家帮你解决，不要因为事情影响了工作；更希望你的精神状态好，一直保持敬业守时的工作态度。

所以，运用汉堡包式反馈法，最重要的是陈述事实和问题，并指明问题的严重性，让对方自然地意识到修正错误的必要性，而非对员工横加指责。

汉堡包式反馈法目前在管理中非常流行，但真正实施起来并不简单。首先，要让对方知道你的处境；其次，需要列出事实，接着表达你的情绪；再次解释你的价值观；最后提出建议。这样对方不但能理解你，并且还能够知道这样做会造成什么影响。在你清楚告知对方怎么做后，他也知道如何正确地解决问题。

83. 让员工最大限度发挥自己的优势

著名管理学者詹姆斯·柯林斯说过："将合适的人请上车，不合适的人请下车。"意思就是管理者要把合适的人放在合适的位置上，要发现员工的优势，让他们最大限度地发挥自己的优势。

全球著名的员工敬业度调研"盖洛普Q12"中，有一个关键问题，考察的是员工是否每天都有机会做他最擅长的事情。为什么让员工做擅长的事情，最大限度地发挥他们的优势也是一种认可激励呢？

如果你不擅长一件事，和别人花费一样的精力，不会比别人做得好，甚至碌碌无为；但是如果你从自己突出的优势着手，投入时间精力，学习知识技能，那就会比其他人更容易获得成就，做出成绩。

人的天赋不同，性格和能力也不同，所以在工作中的表现就不同。员工的性格特征、天分和才能在与职位匹配的情况下，工作表现就会很突出；反之，工作效果就会迥然不同。每个人有弱点也有长项，尽量去规避他们的弱点，发挥长项，才能真正人尽其才。

所以，领导要激发员工的积极性，让员工为企业带来更大的价值，前提是不能束缚员工的手脚，更不能把他们的优势变成劣势。只要发现员工的优势，让他们最大限度地把优势发挥出来，就能在岗位上创造价值。

作为员工，要通过发挥优势，实现职业快速发展。作为管理者，要知人善任，用人所长，才能实现高效管理。

84. 给员工略高于市场水平的薪资

很多企业舍不得给员工高薪，觉得高薪会增加企业的用人成本，往往会用底薪＋业绩奖金的方式来变相地不给高工资。虽然给高工资不是万能的，但如果工资在同类企业中属于低水平，往往会引发员工不满，也不利于管理。

愿意给员工支付高薪的公司，才能吸引更多优秀的人才。一家公司拥有足够多的人才，就不用担心人才流失对公司的影响。并且，空出的岗位可以吸引更优秀的人才加盟，形成人才机制的良性循环。很多知名企业如华为、腾讯、小米等在市场上无往不利，高薪酬、高福利功不可没。

公司在预算和现金流充足的情况下，就不要吝啬。敢给员工高薪不仅是一种激励，也是公司实力的彰显，会带来一定的正向口碑，为以后招纳人才带来积极影响。

【案例】

曾国藩之所以把湘军打造成了"虎狼之师"，一方面是因为他敢给军队厚饷制，也就是开高薪。

曾国藩开始组建团练的时候，冷静地分析过绿营军的优势和劣势。曾国藩发现绿营军的制度有严重的缺陷：允许部队搞第三产业来创收！原因是朝廷的"低饷制"！这就充分说明一个问题，管理者不想出高薪，允许员工接私活。当时的绿营军武官和文官一样拿着低俸禄，都靠吃空饷以及与地方做生意来赚钱，这样无形中让军队通过收保护费、走私等阴暗的手段去牟利。大官贪赃受贿，小兵们掳掠老百姓，这样一来，士兵哪有心思去打仗？只想着贪财保命。于是曾国藩第一次运用了动力系统中的利益激励，也就是给官兵们开"厚饷"。

当时曾国藩提出给湘军的饷银是正规军的3倍，是务农农民的4~5倍，打了胜仗还会按照贡献的大小进行比例分成；如果是在战场上战死，抚恤金是朝廷的数十倍。这样的一个利益激励使得人们都愿意去从军，因为参军的人数多了，曾国藩就有机会实现择优录取。另外，军队打了胜仗可以去抢敌人的财物，抢来的东西上交两成，其他都归打胜仗的部队。如此，大大激发了士兵的战斗力和积极性，他们知道跟着这样的领导有饭吃、有钱花，打了胜仗还能得到更多的好处。

企业在成本和利润平衡的状态下,要敢于给员工开高薪,起码要略高于市场水平,这样才能让员工觉得所在的公司福利更好。薪水是一个员工对于本职岗位所愿付出程度的象征。当他付出很多却没能得到应有的认可和回报的时候,自然要么干得不痛快,要么选择离职。比如,在网飞的管理思路中,有一条与众不同但非常有意思的规定,即网飞会给员工提供相同职位全市场最高的工资。假如一名员工有能力从猎头处获得比当前更高的薪资,那么,网飞就会在猎头给出薪资的基础上再加钱。

激发人的斗志需要多种手段,但给员工高薪却是一个永不过时的手段。但在给员工高薪的时候,应注意以下几个问题:

(1)薪酬设计离不开企业文化导向。薪水应向企业关注的重点、关键岗位倾斜,要引导员工行为向企业期望的方向努力。

(2)高薪不是单一形式,应该将良好的福利、多样化的福利、合理的晋升阶梯、股票期权等这些综合起来,形成高薪,并根据员工的意愿,灵活运用薪酬制度,实现员工满意度的提升。

(3)合理核算薪水。基本薪酬是刚性成本,企业要避免人工成本的无限上升,要结合年度业绩预测,设定合理的涨幅。把工资涨幅同企业的目标紧密相连,这样能够有效避免工资给得太高,利润却降下来的情况。

(4)经常性地进行薪酬调查。通过外部调查,可以得到一个明确的比较数值,这样企业才能确定薪资在市场上的地位和竞争力,加薪也才能更加科学合理。

85. 让能者多劳也多得

能者多劳就应该多得，这样既符合人性又符合科学。如果在一家企业中，能干的人多干，不能干的少干，领的薪水一样，长此以往不但起不到任何激励作用，还会打击那些能干员工的积极性。干多干少、干好干坏，收获都一样，干得多反而活越多，敬业没有回报，那么人人都会开始摸鱼。更有甚者，干得越多错得越多，挨骂受训也就变多了。

组织中一旦形成这种能者多劳但不多得、闲者不劳还拿着跟多劳者一样的薪水，就会使管理变了味道。能者多劳的潜在特征是领导看着谁好用就一直用谁，经济学中称之为"鞭打快牛"，有的领导习惯于把大事小事都分配给能者，以降低成本和风险。这种工作任务分配方式在短期内可能有效，能够让能者解决突发性事件，但不是长久之计。而能者一旦被贴上"快牛"的标签，则极容易在领导和同事的心目中形成路径依赖，并不断地被"鞭打"。虽然能者的潜能得到不断激发，可是另一部分人员却被闲置，他们的潜能一直处于沉睡状态，无人问津。从这个意义上说，"鞭打快牛陷阱"实质上导致了人力资源浪费。另外，那些能者因为被领导信任，不得不承担更多的责任。让那些平时就少劳的人产生更多的依赖心理，把更多的责任推给别人，而导致少劳而多拿的现象。

所以，好的激励一定是能者多劳也多得，给核心人才以丰厚的奖励激励。一方面从关心爱护能者的角度出发，在工作和生活上给予他们更多的帮助，肯定他们的成绩。另一方面，对于能者多一些选拔任用机制，给他们搭建成长的平台，激励更多的人向能者看齐，明白"有为才能有位，多劳才能多得"。

【案例】

某公司是一家为知名汽车品牌供货的公司。在创业初期，依靠一批志同道合的朋友，大家不怕苦不怕累，从早到晚地拼命干。公司发展迅速，几年之后，员工由原来的十几人发展到几百人，业务收入由原来的每月十来万元发展到每月上千万元。企业规模大了，人也多了，但公司领导明显感觉到，那些骨干员工的积极性越来越低。老板一贯注重思考和学习，为此他系统地学习了企业培训课程，他发现，企业的效率提高了，公司才可能支付高薪资。反过来，支付高薪资才能让企业效率不断提升。他想，公司发展了，确实应该考虑让那些骨干员工获得更多的报酬。为此，该公司重新制定了报酬制度，大幅度提高了核心骨干员工的工资。效果立竿见影，该公司很快就聚集了一大批有才华、有能力的人。所有的员工都很满意，大家的热情高，工作十分卖力，公司的精神面貌也焕然一新。

在具体执行"能者多劳多得"的时候，要注意以下几个方面：

（1）把多劳与多得有机结合起来，才不会伤害能者的积极性。以能者的自觉意识为前提，保护好能者的工作积极性，才能真正体现"能者多劳，多劳多得"的价值观。

（2）提升员工的认知，让他们明白自己打工不仅是给老板干，更是给自己干。于是，在做每件事的时候，他们才会对结果和质量要求更高，甚至还会更加严格要求自己，以获得自己期望的回报。

（3）能者多劳多得不仅体现在物质待遇上，还体现在个人受尊重程度上，让能者有更多职业发展机会。获得同事的好评和信任，为自己赢得更多业务拓展机会。

（4）公司要践行能者上，平者让，庸者下，公平竞争任人唯贤，职适其能，人尽其才。这样才能挖掘到人才和激励人才。

86. 花样奖励成本低更有效

人人都知道奖励激励是好的，但如果企业没有那个财力建立团队奖励计划怎么办呢？还有一些花样奖励可能成本低更有效。即使有实力的企业如果总是奖励现金，也会渐渐发现这种激励方法不管用了。老给员工现金奖励，员工刚开始很开心，拿久了他就不开心了，如同再好吃的东西久吃也会腻是一个道理。对领导者来说，一定要学会花样百出地奖励员工。

【案例】

某销售公司给出的奖励设计是每个月的业绩第 1 名额外奖励 5000 元，第 2 名奖励 4000 元，第 3 名奖励 2000 元，第 4 名奖励 1000 元，第 5 名奖励 500 元，公司每个月单单前 5 名的业绩就要奖励一两万元。刚开始大家都很高兴，搞了一年下来，大家觉得又是 5000 元又是 3000 元，就没什么感觉了，觉得理所当然也没有什么意外惊喜。领导观察后发现，员工每天大部分都是开车上班，很头疼的事就是早上停车的问题。于是，领导想了一个好点子，跟物业公司承包了 10 个车位，然后把 10 个车位按照顺序贴上 1 号、2 号、3 号……一直到 10 号，然后宣布从下个月开始业绩排名前 10 的人奖励公司停车位。业绩排名第一的停 1 号车位，业绩排名第二的停 2 号车位，依次类推。于是，销售人员为了拿到这个车位奖励，都非常拼。得到车位不仅仅免去了早晨找车位的麻烦，停在标有编号的车位上还会带来荣耀。

管理者想出的这一花样奖励，不但成本没有提升，在激励员工身上还起到了明显的效果，每个月大家都为了赢得车位而努力，已经得到车位的也会拼尽全力保住自己的车位。因此，形成了你追我赶的良好势头。

企业想要实施奖励激励的话，不妨多花些心思，从员工更在意的事情入手去做，最终收到的效果可能比单纯地给奖金更好。

87. 以员工的名字命名取得的成果

以某个人的名字来命名某项成果，在科学界已经成为惯例，这是公认的对科学家的最好的纪念，比如诺贝尔奖等。

同样的，在企业内部以员工名字来命名小组创新或团队取得的成果，既肯定了员工的首创精神，又让参与创新的员工"出名"，同时也是对员工劳动成果的尊重和肯定，进一步增强了员工的责任感、荣誉感。这也是奖励激励中的一种常用方法。

【案例】

海尔公司在一开始宣传"人人是人才"的时候，员工反应不是很强烈，他们想："我又没受过高等教育，当个小工人算什么人才？"后来，海尔公司采取了这样的措施：把一个普通工人发明的一项技术革新成果以这位工人的名字命名，并且由企业文化中心把这件事作为一则故事刊登在《海尔人》报上。消息在所有员工中传开之后，工人中很快就兴起了技术革新之风。对员工创造价值的认可，是对他们最好的激励，及时的激励能让员工觉得工作起来有盼头、有奔头，进而能让员工更加努力地工作，为公司创造更大的效益。

这种做法正在被越来越多的企业采用，哪怕不是特别大的企业，也可以用员工的名字来命名一个小团队，比如李××飞鹰团队、张××创新团队、王××优秀客服团队等。事实证明，这种方式的激励效果是不错的。

88. 设立优秀个人奖和团队奖

公司可以根据实际情况设立月度奖、季度奖和年度奖，既可以设立优秀个人奖，也可以对各个部门辛苦工作了一年的员工颁发年终奖，以表彰先进、树立楷模，有效激励员工再接再厉，创造新一年工作里程碑。

个人奖可以根据业绩排名进行设立不同的奖励，可以是现金也可以是实物奖励。优秀团队奖的设置可以根据各个部门的架构而定，一般按各职能部门中心来划分，以各小组为参选单元，选出各职能中心内部表现最佳的团队。

一般有以下评选标准：

部门业绩。各小组成员齐心协力出色地完成了部门的工作任务，部门KPI考核达标。

团队执行力。上级部门交办的任务，团队能按时、按质、按量高效完成。

团队创造力。团队在关键工作中能提出创新的解决办法或建议，有助于解决工作难题。

团队精神。团队成员有合作精神，在工作中互帮互助、共同进步。

【案例】

某团队高管为了杜绝组织摊大饼，于是把内部员工分成8个组进行内部竞争。首先，团队成员由高学历人员组成学习小组。其次是激励机制的创新。以出成果打胜仗为目标，设立业绩总量、新品增量、利润增量三个奖金池进行分钱。团队被激励以后，会不断推动产品的高效迭代，产出优秀产品的同时又能促进新一轮的分钱激励，如此往复形成了良性循环。

如果管理者在个人奖励的基础上适当设立群体奖励，在一定程度上可以有效地减少员工之间的争夺状态，增强他们的合作意愿，逐渐引导员工形成较强的合作意识和团队精神。

一般团队奖励可以分为收益分享和利润分成两种。比如，不少管理者会拿出20%的红利作为团队娱乐费用。每个团队每个月都会获得一笔娱乐预算，他们必须共同商议如何运用。通常他们会安排一些活动，然后大伙同乐。利润分成计划可采取立即付款的形式，也可以作为递延收入而使员工享受税收方面的优惠，并可以当作退休金来使用。不管采取哪一种，其操作方法都很相似。收益分享计划正在成为酬谢员工和促进群体成员的发展最为迅速的计划之一。从广义上来讲，收益分享是一种酬谢所有为提高业绩做出贡献的员工的一种以公司或团队为单位的支付计划或制度。

总而言之，管理者要想留住员工并激励员工的积极性与团队精神，收益分享是一种不错的选择。这样做不仅使员工的积极性和团队合作精神得到了增强，管理者也更容易实现对团队和企业绩效的管理目标。

89. 随时给下属准备小礼物

人们对富有创意性的小礼物总是无法抗拒的。如果上级主管能够体察员工的这些喜好，随时给他们准备一些小礼物，也能起到激励效果。大家还会觉得领导是有心的人。

比如，某公司销售主管的两个下属当月完成的业绩超标了，他发现其中一位女下属每天中午都喜欢午休一会儿，但因为没有午休枕，总是趴在工位上凑合，于是他就买了一个带创意图案的午休枕送给她。他发现另一位男下属平时比较喜欢喝葡萄酒，于是就送了他一个醒酒器。两个下属收到礼物后都特别开心。虽然这些小礼物在网上都能买到，但员工收到的是管理者送给自己的，意义就会不一样。

管理者可以随时准备一些小礼物，来奖励工作中表现好的员工，从而激发员工的工作热情，使员工更加努力地工作。

【案例】

李想是一家房产中介的店长，她总是在抽屉里面准备了各种红包，红包里面有充值卡、电影票、游乐场通票、自助餐券等。每当下属拿下一个大单的时候，她就把下属叫来，先是祝贺一番，然后肯定员工的付出，最后会给下属一份意外之喜——一个红包。红包里面是什么呢？有可能是两张电影票，正好适合热恋中的情侣；有可能是儿童乐园的三张门票，正好适合一家三口度过一个愉快的周末；还有可能是几张自助餐券，正好可以约几个好友聚餐。当然，对于表现特别优异的员工，还可能是数目可观的钞票。总之，李想这种给员工意外之喜的方式，使员工们对她都非常有亲近感，在工作中自然也非常努力，他们店的业绩也是节节攀升。

企业的进步，离不开员工的辛勤付出，员工关怀做到位，既能增加员工的归属感，又能激发员工的动力，实现企业、员工互利双赢。但是在送员工小礼物的时候要注意：

（1）能一对一地赠送就不要大张旗鼓。送小礼物代表管理者对员工的在意和用心，如果随意地送，既显得没有仪式感，让其他员工看到还会产生嫉妒心理。所以，选择私下送会对受奖人产生良性刺激，也不会对其他人产生不良刺激。

（2）小礼物可以花样百出，既可以是红包，也可以是各种礼券和充值卡，还可以是员工正好有需要的小物件，这样他们收到适合的礼物会比收到红包更加满意。

（3）赠送女下属小礼物的时候要注意分寸，不要赠送不合时宜的礼物，万一引起误会不如不送。

（4）赠送礼物要注意符合公司的合规制度，随着国家对公司治理、个人所得税制度的完善，给员工的激励物品也要符合相关规定。

因此，要想做一名合格的管理者，就应该学会运用这种激励手段，既将礼物合理地送出去，又能激励员工努力工作，让这些礼物在关键时刻达到预期的目的，发挥它们的价值。

90. 经济奖励、行政奖励和特别贡献奖

在奖惩激励中，为强化员工的自我约束意识，增强员工的创造性和积极性，可以将奖励分为经济奖励、行政奖励和特别贡献奖三种。

经济奖励也就是奖金，一般包括全勤奖，比如可以奖励全勤人员300元，奖金随当月工资发放。

行政奖励是指品德端正，忠于职守，不断改进工作使业绩突出者，奖励奖金随当月工资发放。

特别贡献奖，指对经营业务或管理制度提出合理化建议，得到采纳实施，并取得了显著成绩，奖金随当月工资发放。

无论针对哪种奖励，都要遵循以下几大原则：

（1）论成果行赏。也就是说，只要员工在行为上获得优异的成绩和采用正确的路径，不管这个人内心是如何考虑的，也不管这个人究竟出于何种出发点，都必须给予奖励。行为是直接的，奖励也应该是直接的，确保用直接的奖励来强化行为。

（2）有奖有惩才会杜绝投机、冒险分子。奖励的激励效果虽好，如果没有相应的惩罚措施，会让人们为了达到被奖励的结果而不择手段，容易让员工产生投机和冒险意识。比如，一个销售人员为了获得更高的奖励，可能会采取欺骗客户的手段，而不管这个行为究竟会对企业造成多大的伤害。

（3）奖多惩少。如果惩罚的力度大于奖励的设置，会打击员工的积极性，让他们变得消沉和保守。他们会认为只要不犯错就是正确的，从而束缚了员工的创新手脚，没有人敢于担责任。

（4）物质奖励和精神奖励相辅相成。不能让员工一味地追求物质奖励而忽略精神方面的成长。物质奖励是务实；精神激励是为了让企业具有凝聚力，能够调动企业价值。

总之，奖惩不是为奖而奖，也不是为惩而惩，任何一次奖惩活动都会衍生出更多、更复杂、更长远的影响，因而我们必须慎重考虑每一种奖惩手段和方法的应用问题。

# 十、股权激励：
让员工从打工者变为合伙人

91. 股票与期权激励

股票和期权激励常常用在公司一些管理层人员和核心技术骨干人员身上，属于长期股权激励的一种方式。比如，公司加入了一些优秀的总经理、设计总监、市场部总监、技术型人才等，想要用股权激励将其留住，又不太完全清楚这些骨干人员的实力。这个时候用股票与期权的激励方法就比较合适。

这种激励方法的具体做法是：一般情况下，在约定的时间内按照事先定好的价格，员工拥有购买公司一定数量股票的权利。因为是在约定的时间内享有的权利，故称之为期权，购买股票的员工就是期权权利人。在享有股票期权之前，期权人不享有任何实际利益，只有正式开始行使权利之后，期权人购买的公司股票才可以成为现实的股票所有权，期权人可以直接从中获得经济利益。对于股权激励，要事先约定好购买价格和考验期。

【案例】

某公司准备拿出5%的股权用来激励设计总监，但是又不能直接给他实股，于是，约定设计总监只要在公司干满3年，那么他就可以按照公司的原始价格购买股权。比如，公司的注册资金为1000万元，5%的股权就是50万元。这部分经济利益分为两部分，一部分是个人直接收益，即行权日股票的市场价格与行权价格的差价。假如买股票时的费用是20元/股，行权日的市场价格是30元/股，期权人的收益就是10元/股。另一部分为间接收益，主要为股票的分红和增值。随着公司业绩的提高，股价也会同比增值，企业和期权人同步获益，这就有效地将企业和股票期权人的相关利益捆绑在了一起。

之所以采用让员工购买的方式进行股票期权激励，是因为被激励者花钱购买才会觉得来之不易，才会珍惜，有了自己与公司利益的捆绑，才能更大限度地激发员工的工作积极性。股票期权激励所创造出的价值远比工资、奖金来得令人期待。它足以将那些行业优秀人才吸纳到企业中，减少公司核心技术人才的流失，稳定管理层团队的忠诚度。

用股票期权激励员工，具体有哪些操作步骤呢？

（1）约定考核期。公司可以与核心员工约定考核期为3年，如果3年之内员工离职了，那考核期自动作废。

（2）约定考核标准。可以将业绩目标作为标准，比如对于销售经理的约定可以是3年之内将公司的业绩从3000万元带到5000万元。

（3）约定行权的价格。如果公司在与员工签订协议的时候，公司一年业绩1000万元，估值是按照1000万元来估的，当员工做到了5000万元时，不影响公司仍然按照1000万元的估值计算。

（4）约定行权的股数。如果员工与公司合作了3年，也把业绩做到了约定的5000万元，那么公司按照约定的行权价格，可以让员工买10%的股份。

（5）约定行权期。约定在考核期达标之后多长的时间内，员工购买公司的股份，如果不买，将视为自动放弃。

采用股票期权激励，公司不用直接支付现金，既能让员工获得利益，又能减少企业发展中的成本压力。当然，想让股票期权的作用得到正确发挥，需要公司有完善的治理结构，没有配套的监管措施和治理结构，股票期权恐怕只能成为那些少数具有决策权的领导中饱私囊的工具，严重者还会让公司面临灭顶之灾。

92. 期股激励，与员工成为利益合伙人

期股，是指激励对象按照约定的价格，在某一规定的时期内，在满足一定的绩效条件之后，个人以出资、贷款、奖励、红利等方式获取一定数额的企业股权，股权收益将在中长期兑现。如果是激励对象当期没有取得公司股权，必须在将来一定时期内分期兑现，其实质是一份对赌协议。如企业出资者与经营者协商确定股票价格的期股，就允许经营者在其任职期间内通过多种形式让员工获取期股，包括员工个人出资购买、一部分首付其他部分按揭还款式购买、员工获得的奖金等部分奖励转化为期股等多种方式。被激励者享有认购权、分红权、增值权、知情权和表决权。

表决权和分红权是实实在在的，但经营者所获得的分红不能"提现"，要被用来偿还期股。期股经营者要想将期股所有权做实，首先就要努力经营，使企业获得更高利润，有可供分配的红利。期股的激励核心也就如此这般彰显出来了。

【案例】

在竞争激烈的互联网行业，字节跳动公司为了留住和激活高质量人才，就采用了期股激励模式，允许员工将当年的年终奖以44美元/股的价格兑换成期权，覆盖范围超过60%的员工。由于字节跳动公司处于上升阶段，股权买到就是赚到，员工的参与积极性很高。字节跳动的股权激励不仅满足了员工在利益及心理上的需求，同时也为企业争取了大量的现金流，让字节的版

图扩张更加顺利。在字节跳动，员工能够兑换的期权上限是自己的年终奖额度，这个额度与绩效评分挂钩。业绩越好，年终奖额度越高，能兑换的期权份额也越多，分红也就越多。字节跳动的期权在授予后，会按照15%、25%、25%、35%的比例分4年分批成熟。期权分批成熟能让员工与企业形成长期捆绑，而稳定的回购计划，则能增强员工对企业股权的信心。

对于企业来说，实行期股激励的最大益处是，按揭给经营者的期股所创造出来的价值和收益在短时间内无须兑现，企业股票的增值完全与企业资产的增值、企业创造的效益紧密联系在一起，股票经营者们所关注的也是企业的长期发展和长远利益。

根据员工级别、工作类型、为公司创造价值潜力等的不同，所授予公司的期权数量也有所区别。成功的期权制可以有效地激发员工的工作热情，特别是让每一位员工都更有主人翁意识，让企业家与员工成为利益上的"合伙人"。

93. 限制性股票，既能激励又能管控

限制性股票，顾名思义，是对激励对象具有一定的限制性，从而有效地管控激励政策的实施过程；是激励对象按照股权激励计划规定的条件，获得的转让等部分权利受到限制的本公司股份。如果是上市公司，限制性股票的限制性体现在转让受限上；如果是非上市公司，所有形式的股权转让都是受到限制的。

企业发行限制性股票的主要目的为了留住关键人才，在授予限制性股票的同时，通常将分红权授予激励对象，前提是有禁售期。激励对象必须满足

工作年限或公司业绩目标,符合股权激励计划的双重条件,才有权利通过出售限制性股票的方式获益。

【案例】

某股份有限公司的限制性股票激励计划规定:本激励计划的有效期为自限制性股票首次授予之日起至激励对象获授的限制性股票全部归属或作废失效之日止,最长不超过84个月。激励对象获授的全部限制性股票适用不同的限售期,均自授予完成日起计。授予日与首次解除限售日之间的间隔不得少于12个月,本计划授予的限制性股票限售期分别为自首次授予登记完成之日起的48个月、60个月、72个月、84个月。关于禁售期:(1)激励对象为公司董事和高级管理人员的,其在任职期间每年转让的股份不得超过其所持有本公司股份总数的25%,在离职后半年内,不得转让其所持有的本公司股份。(2)激励对象为公司董事和高级管理人员的,将其持有的本公司股票在买入后6个月内卖出,或者在卖出后6个月内又买入,由此所得收益归本公司所有,本公司董事会将收回其所得收益。关于解锁条件:分4次解锁,每次解锁比例为25%。

限制性股票与期权正好是相反的,期权是达到了一定的业绩之后才会获得相应的股权。而限制性股票是先将股票授予员工,员工只有达到相应的业绩之后,才可以把股票出售或者转让,以获取全额利益。限制性股票的优点之一是会为员工树立一个奋斗目标,可以有效让员工产生积极性;之二是公司仍旧不需要付出相应的现金,能够减轻公司的资金压力,让公司实现一个比较好的财务状况。对于初创期企业和科技型企业而言,限制性股票激励模式非常具有优势。

94. 虚拟股,对员工的分红激励

企业对员工进行股权激励时,一般大企业采用实股,而中小企业由于规模小,人员流动性大,用实股激励员工反而不是最佳选择。虚拟股由于操作简便,分红速度快,进入退出机制灵活,对中小企业而言是股权激励最好的方式。

虚拟股,也就是企业将公司的股权进行虚拟分割并虚拟地授权给员工,采用特定的方式计算分红金额,方案就能落地。

虚拟股票是一种并不存在实际股票的激励政策,因此虚拟股票所有者的权利只有分红权和股价升值收益,并不具备所有权和表决权。虚拟股票也不能用来转让和买卖,员工从公司离职后所享有的虚拟股票权利自动取消。

【案例】

华为公司的虚拟股被一度认为是最牛的股权激励模式。华为公司20年的平均年化收益率是30%,超过了股神巴菲特年化率的15%,被认为是中国企业最具典型的代表。华为股价的上涨速度比上海和深圳的房价涨得还要快。早在2001年,华为就开始授予核心技术员工虚拟股票了。2012年,虚拟股分红1.46元/股,华为公司支付员工的总分红和奖金超过125亿元。华为虚拟股一直被内部员工视为"唐僧肉",每年的分红都给华为超过6万名持股员工创造丰厚收益,也让华为的股权激励成为中国企业的典型案例。

华为公司的虚拟股就是通过虚拟递延分红计划,每年根据员工的岗位级别和绩效，给员工分配一定数量的期权，不需要员工花钱购买，5年为一个计算周期。例如，2014年华为授予某员工6万股的聚氨酯（TPU）概念股，授予价格是3.25元/股，该员工出资当年为等待期不享受公司分红。2015~2018年为分期的解锁期，分别享受1/3、2/3、3/3的比例分红，同时对这个员工2014年授予期权回购，假设2018年公司股票价格是8.25元/股，2018年分红是20万元，那么2014~2018年，该员工的回报是20万+6万*（8.25–3.25）=50万元。回购以后，公司对这6万股期权进行清零。

虚拟股票是一种享有企业分红权的凭证，而并不具有其他权利，丝毫不会动摇企业的总资本及股本结构，这种所有权和收益权有效分离的制度，更好地保护了企业的资本，减少一切外在动摇企业财力根基的因素。虚拟股票的内在激励作用效果明显，虚拟股持有者通过自己的努力帮助企业实现盈利，从而得到更多的红利；来自虚拟股的收益不会受到股市下跌的影响，相比之下，虚拟股对于持有者来说，貌似更真切。

虚拟股不是建立在历史贡献上，是以现金递延方式发放，满足了员工的扎根需求。同时，虚拟股具有股权的特性，分红权和股本的增值，都和组织绩效有关，能把新员工贡献和组织贡献结合在一起，激活集体意识和归属感。正因为虚拟股除了公司利益而不受其他任何因素的左右和影响，往往会导致虚拟股持有者过分关注公司的短期效益，忽视长期发展。加之持有者对红利分配十分敏感，也会导致公司在现金支付上压力过大，因此，这项激励措施更适用于那些现金流量充裕的公司。

95. 股票增值权收益激励

股权激励，除了股票期权和限制性股票之外，也有不少公司采用"股票增值权"作为激励工具。股票增值权的定义为公司授予激励对象在一定条件下通过模拟股票市场价格变化的方式，获得由公司支付的兑付价格与行权价格之间差额的权利，差额部分由公司直接以现金兑付。

简单理解，股票增值权收益就是拥有股票增值那部分收益的权利。所有者不用购买企业实际的股票，只要到约定的时间，就可以直接享有公司股票增值部分的收益，所谓的增值部分为结算时股票市价与约定价之差。这部分增值收益可以为现金，也可以为公司的股票。对于增值权所有者来说，没有购买实际的股票，就不会因为股市的跌宕而影响自己的收益，还是十分避险的。

股票增值权模式下的激励对象在行权时不必实际购买公司股票，不必为行权"自掏腰包"，而是由公司直接支付现金，激励对象可以通过行权径直获得股价增值部分的收益。股票增值权的收益 =（股票市价—授予价格）× 股票数量。

【案例】

富邦股份有限公司规定，激励对象自激励计划授权日起满 24 个月后，在未来 48 个月内分 4 期行权，每一期可行权数量占获授增值权数量比例的 25%。在这样的时间安排之下，股票增值权激励计划的实际有效期为 6 年。

对于行权条件的设置，除股票增值权本身必须要依据的股票价值增长标准之外，富邦股份还额外设定了业绩考核指标——归属于上市公司股东的扣除非经常性损益的净利润增长率。以 2015 年的净利润作为业绩标准，分别考察 2017、2018、2019、2020 年共 4 个解锁期的净利润增长率，只有公司业绩达到净利润增长率标准时，激励对象方可行权，否则，激励对象相对应行权期所获授的可行权数量由公司作废处理。

　　股票增值权的优势在于，首先不稀释股权比例。若公司控股股东持股比例较低，又需对员工进行激励时，公司可选用股票增值权作为激励工具，这样不会削弱控股股东在公司股权上的控制力。其次，股票增值权无须向交易所登记，也不需要验资，对于激励对象个人而言，无须开立资金及证券账户，无须筹措资金，操作更加便利。最后，不受减持约束且不影响股价。股票增值收益的激励依据为公司业绩，公司净利润是增长的，股票增值收益才能兑现，否则激励对象相对应的行权期所获得的股票并没有收益。

　　一般在行使股票增值权收益激励的时候，需要将股票期权激励模式和限制性股票激励模式结合起来，可以发挥股票增值权模式灵活简便的优势之外，还能够通过严格的行权设置保障激励计划的长期激励性和约束性。获授限制性股票及股票期权的董事及高级管理人员，在未来减持时将受到减持规则的约束，如每年减持不得超过 25%。而获授股票增值权的董事及高级管理人员则可以不受减持规则的约束。

96. 业绩股票，有业绩就有收益

业绩股票是一种非常常见的股权激励工具，上市公司激励时被称为业绩股票，非上市公司激励时被称为业绩股份，是指公司将普通股作为长期激励性报酬支付给激励对象。只要激励对象达到事先约定的业绩指标，公司就提取一定的奖励基金购买公司股票授予激励对象，或者激励对象直接获得一定数量的股票或股份。

业绩股票的利益所得就是企业的业绩，只要有了业绩就有收益。一般公司会在某年的年初制定合理的业绩目标，只要在年终之前达到业绩目标，公司就会在年终给予行权者一定数量的奖金购买公司的股票或直接赠予公司股票。业绩股需要一年锁定期，也可以把业绩股理解为公司延期发给员工的奖金，但是需要业绩作为考核指标。如果企业的业绩理想，股份会上涨，对持有业绩股的人来说所获得的激励效果就会增大。业绩股的兑现要分批次进行。即便兑现了一部分，但在随后的年份里若行权者业绩没有达标，又或者行权者损害了公司利益或非正常离职，则剩余的业绩股将作废。

【案例】

一家从事计算机应用服务业的企业，在若干年前某年度的股东大会上通过了股权激励计划，决定从每年的税后利润中提取8%作为激励基金，以激励公司技术、业务、管理骨干和优秀员工。公司在该年及次年均实现业绩目标的前提下兑现了业绩股票计划，分别从当期的税后利润中提取了相应的激励基金，并按计划予以分配。

业绩股票只对公司的业绩目标进行考核，不要求股价的上涨；并且业绩股票对现金的成本压力较大，因此比较适合业绩稳定、需进一步提升业绩、现金流量充足的公司。

业绩股对于企业、股东以及激励对象而言，优点大于缺点，所以得到很多上市企业的广泛应用。业绩股激励能够实现多劳多得，为公司创造的利润越大，行权者获得的奖励金就越多。这样能够激发员工的积极性，将激励模式与公司盈利发展紧密联系在一起。业绩股受相关法规政策的限制较少，只要股东大会顺利通关，这种成本低、操作易的激励方案就会带着巨大的创收期望值，引领公司战略发展之蓝图，创业、创收、创佳绩。

在使用业绩股进行激励时，有以下注意事项：

（1）要仔细分析自身具体情况和外部环境，选择合适的股权激励模式。业绩股较为典型和规范，适合业绩稳定增长、现金流充足的企业或高新科技企业。

（2）企业在适当的情况下可以转换股票激励模式。初创高科技企业最开始的时候可以采用业绩股，等条件成熟的时候可以转换为股票期权激励模式。

（3）注意激励范围和力度的确定是否合适。激励范围和力度大，公司的成本会上升，现金流压力会增大；激励范围和力度小，则会削弱激励效果。因此需要综合权衡，找到激励与成本之间的平衡。

（4）设计业绩指标的时候不要太过追求绝对目标。在最初对激励方案进行设计时，应尽可能地以相对业绩指标作为业绩目标，如行业的业绩增长率、银行的同期贷款利率等，这样激励方案的适用性就会得到有效提高，省去了日后修改和重新决议的麻烦。

97. 干股激励，赠与形式的股权

干股通常是基于赠与协议获得，该赠与行为可以是无偿赠，也可以是附条件的赠与。协议对双方当事人产生约束力。干股是指行权者未出资即可获得公司股份的权利，但这种"免费的午餐"更大程度上隶属于精神食粮，所有者只享有分红权而无所有权。通常情况下，公司领导层会将一部分干股无偿赠送给骨干员工，目的是让员工知道，自己持有这么多的股份会得到什么样的收益回报。

干股分为有实际出资的干股和无实际出资的干股两种。其中，未出资干股一般由公司或其他赠与人代为缴纳，实践中存在赠与人未缴纳拟赠与股份的股份资本却赠与干股的情形，也就是实际出资的干股。另外，还分已注册登记的干股和未注册登记的干股两种。在工商登记、股东名册中登记过的干股股东正式取得了股权，享有股东权利，具有公示性权利外观。未注册登记的股东一般出现在某些人员碍于身份限制仍期望获取更多收益的情形，未注册登记的干股股东对外不具有股东的法律地位。

干股是虚拟股，但又不同于虚拟股。虚拟股与实际股相互对应，虚拟股只可分红，而实际股可分红、表决和处置等。干股与虚拟股的不同之处在于，干股只可分红，而虚拟股持有者还享有来自股票增值部分的收益。

干股实际上是一种变相的奖励，其间公司若产生利润，员工就可以参与收益分红，反之公司若是产生了亏损，员工也不用承担任何的责任。用简单的话总结，干股就是员工不需要出任何费用就能享有的分红激励方式。公司发放干股一般存在以下两种情况：一是认为该员工身上有着长远的潜质，且该潜质能给公司带来一定的利益；二是公司下血本，通过互利共赢的方式对员工进行激励，达到资源拓展和绑定员工的目的。

【案例】

某家美容院有6家门店，想通过股权激励的方式让各门店店长入股，并按照业绩赠送干股分红。每家门店需要投入300万元，各门店店长投入30万元，持股10%。另外，老板赠给各门店店长5%的干股分红，不用店长出钱，但是需要完成业绩才能拿到。对于干股的设计是：每年年初进行考核，如果完成目标就送1%；考核进店人数，完成指标再赠送2%；考核美容卡的消费程度，完成指标再送2%。如果达不到指标，那么这部分的赠送干股分红从中扣除。另外，如果要退股的话，按照时间进行约束。3年内退股的，要在2年内分3次返还股本，赠送的干股不退。3~5年内退股的，1年分2次返还股本，同时还赠送6万元。5年以上退股的，返还股本，同时赠送15万元。这种机制不仅能够留住店长，提高店长的积极性，还能促进店铺的发展。

干股激励的前提是要签署"赠股协议"。由于干股没有出资，所有的约束条件都以"赠股协议"为前提，协议中包含撤销、无效、解除等内容，干股行权者的身份自然就是"虚拟股东"。股利请求权、表决权等行权者的权利也由"赠股协议"决定。在设计干股的时候，有以下注意事项：

（1）干股不能盲目赠与，因为不隶属于薪酬体系，过多盲目赠与会产生负面的影响，不利于激励员工的积极性。

（2）干股如果没有给行权者以上升的通道，会让员工产生不安全感，从长远发展来看，有一定的消极作用。

（3）干股没有明确的收回条件，容易造成员工动力不足，无法充分激发员工积极性。

（4）没有严格的分红协议，一旦企业盈利不佳就减少员工分红，会打击员工对企业的信心。

（5）干股的协议多属于简易书面协议，没有严格法律意义上的约束条款，不受《公司法》保护，在产生纠纷后难以维权，让员工没有十足的把握。

有鉴于此，现金流不充足或者希望选用长期性激励工具的企业都不适宜单独使用干股进行激励。但干股模式仍然被许多企业青睐的原因在于，一旦干股与其他股权激励工具结合起来，综合发挥作用，对于帮助企业选用其他激励工具进行过渡，或者作为其他模式的补充、消除利益不平衡，有不可替代的价值。

十一、学习和文化激励：
为可持续化发展助力

98. 培训激励提升员工能力

培训激励，主要是指企业为了更好地调动员工的积极性而组织进行的一项团体激励活动。企业培训是培养和训练员工的学习活动。学习是一种刺激与反应的联合，个人与环境所形成的场地力量支配学习行为，动机的变化表示对学习的满意程度。员工的学习行为可以通过对其后果的控制和操作而加以影响和改变。这就是培训激励。

培训激励既可以聘请外部的专家来给员工培训，也可以是内部培训制度的设计，还可以是送员工出去培训等。内部讲师的来源可以选择中高层管理者、岗位中含有授课职责的人员、高绩效人员等。

比如谷歌将培训的重点都放在被公司内部验证过有效的方法论上，然后让员工学习这种成功的方法论。公司要有一个基础理念——你的成长你做主，即每位员工是自己学习成长的主人，员工成长所需要的经验、知识从组织内部产生，学成后又回馈给组织，这种"来源员工、用于员工"的学习文化和方式，最终形成自然循环。每一位员工都渴望获得新的知识和成长，因此谷歌会邀请年度高绩效员工担任讲师，为员工授课，课程内容与工作实践紧密结合。有时过多的例行事务会干扰研发人员的创新力，于是谷歌允许技术研发人员可以自由地支配20%的工作时间，做一些感兴趣的研发测试，让他们在探索中学习。

还有不少知名的企业通过建立自己的企业学院对员工进行培训，让他们在企业内部实现不断提升和成长。

【案例】

腾讯成立了自己的企业学习部门——腾讯学堂，以"员工成长顾问、业务发展伙伴、企业变革助手"为经营愿景。在不断的发展过程中，腾讯学堂的面授课程多达 400 多门，同时辅以 Q-Learning 线上学习平台，期望能全面覆盖各岗位的学习和技能提升需求。在腾讯学堂，每一门课程的选择都是通过与员工进行深入的访谈所决定的。腾讯学堂根据员工职业生涯发展的不同阶段，将培训课程分为三大类：新人类、职业类和干部培训。在针对新员工的"腾讯达人"培训中，腾讯学堂会根据人员不同的来源渠道，即社会招聘还是校园招聘，设计不同的培训体系。针对应届毕业生，腾讯更加关注如何使其迅速融入工作环境；而对于具有工作经验的新员工，腾讯更加倾向于其对组织文化的理解和认可。当员工工作 5~12 月之后，腾讯根据员工所在岗位的职级和职能，提供不同类型的培训计划，包括"新攀登计划""飞跃计划""海量计划""名声之家"等。当优秀员工被纳入管理人才储备库后，腾讯学堂会为他们提供"帝企鹅系列"培训和"功夫企鹅系列"培训，其中包括"飞龙计划""潜龙计划""育龙计划"等。

对员工进行培训激励，不仅能帮助核心员工不断提升自己的技能水平和工作效率，还能提高他们对企业的认同感，最终降低他们的流失率。在使用培训激励方面有哪些注意事项呢？

（1）培训包括技能培训和素质培训两种。在技能培训上，需要让员工有更广博的知识，使员工学会知识共享，拥有创造性地运用知识调整产品或服务的能力。素质培训有助于员工综合素养的提升，可以为员工提供更多的岗位机会和晋升机会。

（2）培训复合型竞争人才。企业竞争除了自然资源和廉价劳动力，还需要精良的机器和密集的智力资本。这些智力资本需要通过培训让员工获得如何完成本职工作的技术、如何与其他员工共享信息，以激发员工的创造力。

（3）培训能够满足员工实现自我价值的需要。培训能教给员工新的知识与技能，使其适应或接受具有挑战性的工作与任务，实现自我成长和自我价值，这不仅使员工得到物质上的满足，而且获得精神上的成就感。

99. 文化激励打造"家庭式"企业

企业文化是企业全体员工一致认同的价值观念、工作作风及行为规范的总称，是一家企业长期形成的独具特色的精神财富的总和。

一家企业需要有文化来支撑，需要用三观来凝聚人心、激发活力、增加利润以及品牌升级。通过三观的引导和传递，可以让企业生出更多的利他之心，通过赋能的管理方式，自上而下地释放权力，让员工有更多的创造性，发挥集体的智慧，共同推动企业的发展。

企业文化是企业在生存和发展过程中形成的一系列核心价值观以及受此影响和制约的组织行为方式和员工行为方式。运用企业文化的激励方式，能够有效调动员工的积极性，使全体员工朝着组织既定的方向前行。

【案例】

京东采用"情感型"管理和"家庭式"企业文化激励员工。2017年，刘强东要求公司特殊拨款3000万元，让坚守在工作岗位上的仓储配送员工把家人接到身边共度新年。他在邮件里表示："凡是有孩子的同事，按照每个孩子3000元的标准给予补贴，要求同事们把孩子们接到身边共度佳节。如果个别同事离家太远，费用不够，超出的部分，实报实销。离家近的，多余费用不用退还。没有孩子的同事，每人至少多补贴 1000 元加班费。"京东集团十分强调家庭式的情感激励，这对于 70% 出身于农村的一线员工十分有效，迅速赢得了 10 万名一线兄弟的满足感和工作热情。京东对一线员工子女教育问题十分重视，通过成立集团幼儿园，解决员工的子女托管问题。在宿迁签约江苏省顶级中学建立分校区，解决员工孩子的教育问题。这样的激励方式，无疑大大提高了一线员工对公司的归属感和认同感，他们也会更加放心地在公司努力工作。

企业文化重在"文化"，是一个企业文明程度的反映。优秀的企业文化能够营造良好的企业环境，提高员工的文化素养和道德水准，激发员工的积极性，使其工作更有热情，同时可以提高工作效率，给企业效益的提高注入新的力量，从而提高企业的竞争力。

一家企业需要有文化土壤来做基础，这种赋能的力量会打破传统管控模式，从"我想要员工去做"，转变成"员工自己想要去做"，形成自驱力，从企业高管们自己干转变为企业高管与员工们共同去干，这种思维体系的转变，足见企业文化的重要性！

100. 学习激励打造成长型组织

这是一个瞬息万变的时代，也是一个不进则退的时代。无论个人还是组织，不学习就会跟不上时代的进步与发展的步伐。

在新的经济背景下，企业要持续发展，必须增强整体能力，提高整体素质。也就是说，企业的生存和发展不能只靠领导者一夫当关，指挥全局。未来真正出色的企业将是能够设法使企业内部各个层面的员工全身心投入并有能力不断学习的，即学习型组织。如果一个组织能够持续学习，把组织打造成一个学习型的组织，对于员工而言，本身也就是一种不断提升的激励。

【案例】

某公司以动力电池研发、生产、制造为主，拥有员工数千人，年销售额达数十亿元，在竞争激烈的市场环境下，技术改善、产品创新成为公司保持增长的核心要素。该公司领导层意识到公司需要不断提高自身的核心竞争力，才能在市场中保持领先地位。因此，公司开始探索学习型组织的建立，希望通过不断学习和创新，提高员工的技术和能力，实现公司的长期发展。随即人力资源部发布通知，每名员工每周最少阅读一本书，并撰写2000字的学习心得，上级领导评分作为绩效考核项。该公司为一线员工提供多元化的学习平台，让员工随时随地在线学习。同时，为了更好地激励和关爱员工，公司还推出了学费激励政策，家境贫困的员工可以申请助学金，表现优异的员工还可以获得奖学金。

有不少著名的企业都非常重视组织的学习与提升。

比如迪斯尼大学，为了培训员工于19世纪60年代创立，课程之一是8小时新人指导课，目的是让新人了解公司的历史、价值观和对顾客的服务标准。让员工学习了解自己所要担任的角色，并要求老带新配对训练，只有熟练掌握服务流程和标准才能服务顾客。

比如麦当劳汉堡大学，在人才培育方面采取"人培育人"的方式，将公司一些员工培养成具有训练资格的合格人才后，再让其去培育新的员工。

一个组织中无论是决策层还是管理层、操作层，都需要学习。作为决策和领导层更要拥有前瞻的眼光和与时俱进的思维方式，才能带领全员更好地前行。并且，应该养成终身学习的习惯，这样才能形成企业良好的学习气氛，促使全体成员在工作中不断学习。学习型组织不但重视个人学习和个人智力的开发，更强调成员的合作学习和群体智力的开发。

101. 企业价值观激励

优秀的企业文化可以塑造非常快乐的氛围，而快乐的氛围是人人都需要的，因为在快乐的环境当中，可能工作辛苦一点点，收入不是特别高，大家也会非常开心和快乐，所以营造一个良好的企业文化氛围和快乐的环境，也可以帮企业留住非常多的优秀人才，让那些员工愿意工作，不轻易辞职。

例如，亚马逊公司设立了一系列的奖励制度，包括优秀员工奖、团队奖、创新奖等。这些奖励旨在激励员工为公司创造更大的价值，并通过奖励来表彰员工在落实企业文化价值观方面的努力和成就。亚马逊公司还通过晋升和职业发展等机制，鼓励员工不断学习和进步。这些激励机制不仅能够提高员工的工作积极性，还能够推动企业文化价值观的实现。

【案例】

《华为基本法》有明确规定：劳动、知识、企业家和资本创造公司的全部价值。华为的奋斗者激励工程就是基于价值创造、价值评价和价值分配的闭环来打造"以客户为中心——不与客户争利；以奋斗者为本——不让奋斗者吃亏"的奋斗者文化。华为围绕这个价值环，以价值评价为支撑，实现价值的良性循环。华为的分享模式既分利、又分权还分名，华为让奋斗者得到"权、利、名"的三重收获，最终实现了以奋斗者为本的价值共享。任正非也说过，华为之所以发展得好，主要是因为钱分得好，华为认识到之所以有越来越多的人愿意加入这个企业，并不是因为崇高的理想，而是为了挣钱，这是人的本性。所以，华为在激励每一个为之奋斗的人都承认这个本性，人的本性中都有自私、腐败、懒惰等因素，所以激励的前提是要控制和减少这些负面的本性，不让堡垒从内部被攻破。所以，承认人的本性、激发人的本性、控制人的本性，三位一体，在华为便是建立"以奋斗者为本"的激励机制，也是华为企业价值观的彰显。

要考核并且激励员工的文化价值观，首先企业本身就需要具备正确的文化价值观，正确的文化价值观包括团结互助、积极向上、政治立场正确、肩负社会责任等基础要素。如果企业本身价值观有问题，与员工互相不信任，比如总是想着克扣员工工资、让员工免费加班，这样是无法进行考核和激励的。

随着时代的发展，为了能够更好地吸引和留住新生代员工，企业的价值观也需要不断地更新、与时俱进，这样才能与新生代员工的价值理念相吻合。可见，创新时代的企业文化，其价值观应该是企业成功经验理念和新生代员工新价值理念的有机结合，也只有这样的企业文化价值观才能够真正起到激励员工的作用。

参考文献

［1］唐华山，闵宪伟编著．激励员工不用钱［M］．北京：人民邮电出版社，2007

［2］郑月玲著．零成本激励［M］．北京：人民邮电出版社，2007

［3］［美］布鲁斯·伯比顿著．刘燕春，陈舟平译．员工激励［M］．北京：中国标准出版社，2000

［4］［美］乔治·戴维森著．文岗译．最伟大的管理思想：管理的66条黄金法则［M］．北京：中国纺织出版社，2003

［5］王志兵著．赢在激励［M］．北京：中国经济出版社，2005

［6］张道生，梁燕燕著．如何带出自动自发团队［M］．北京：高等教育出版社，2006

［7］王小艳著．如何进行员工激励［M］．北京：北京大学出版社，2004

［8］［美］朱莉·斯乔著．戴烽，芮静怡译．发现你的管理风格：DiSC帮助你成为高效经理人：白金版［M］．北京：电子工业出版社，2019

［9］文征著．激励员工的80个手段．北京：中国致公出版社，2006

［10］周锡冰著．留人更要留人心：员工激励的破解之道［M］．北京：中国人民大学出版社．2022

［11］李海峰著．DISCOVER自我探索［M］．北京：电子工业出版社．2014